U0085312

世紀
人物100

轉危為安救大唐

郭子儀

胡其瑞　著

三民書局

獻給孩子們的禮物

主編的話

世界上最幸福的孩子，是他們一出生就有機會接近故事書，想想看，那些書中的人物，不論古今中外都來到了眼前，與他們相識，不僅分享了各個人物生活中的點滴，孩子們的想像力也隨著書中的故事情節飛翔。

不論世界如何演變，科技如何發達，孩子一世幸福的起源，仍然來自於父母的影響，如果每一個孩子都能從小在父母親的懷抱中，傾聽故事，共享閱讀之樂，長大後養成了閱讀習慣，這將是一生中享用不盡的財富。

三民書局的劉振強董事長，想必也是一位深信讀書是人生最大財富的人，在讀書人口往下滑落的多元化時代，他仍然堅信讀書的重要，近年來，更不計成本，連續出版了特別為孩子們策劃的兒童文學叢書，從「文學家」、「藝術家」、「音樂家」、「影響世界的人」系列到「童話小天地」、「第一次」系列，至今已出版了近百本，這僅是由筆者主編出版的部分叢書而已，若包括其他兒童詩集及套書，三民書局已出版不下千百種的兒童讀物。

劉董事長也時常感念著，在他困苦貧窮的青少年時期，是書使他堅強向上，在社會普遍困苦，而生活簡陋的年代，也是書成了他最好的良伴，他希望在他的有生之年，分享這份資產，讓下一代可以充分使用，讓親子共讀的親情，源遠流長。

「世紀人物100」系列早就在他的關切中構思著，希望能出版

孩子們喜歡而且一生難忘的好書。近年來筆者放下一切寫作，接下這份主編重任，並結合海內外有心兒童文學的作者共同為下一代效力，正是感動於劉董事長致力文化大業的真誠之心，更欣喜許多志同道合的朋友，能與我一起為孩子們寫書。

「世紀人物100」系列規劃出版一百位人物故事，中外各占五十人，包括了在歷史上有關文學、藝術、人文、政治與科學等各行各業有貢獻的人物故事，邀請國內外兒童文學領域專業的學者、作家同心協力編寫，費時多年，分梯次出版。在越來越多元化的世界中，每個人都有各自的才華與潛力，每個朝代也都有其可歌可泣的故事，但是在故事背後所具有的一個共同點，就是每個傳主在困苦中不屈不撓，令人難忘的經歷，這些經歷經由各作者用心博覽有關資料，再三推敲求證，再以文學之筆，寫出了有趣而感人的故事。

西諺有云：「世界因有各式各樣不同的人群，才更加多采多姿。」這套書就是以「人」的故事為主旨，不刻意美化傳主，以每一位傳主的生活經歷為主軸，深入描寫他們成長的環境、家庭教育與童年生活，深入探索是什麼因素造成了他們與眾不同？是什麼力量驅動了他們鍥而不捨的毅力？以日常生活中的小故事，來描繪出這些人物，為什麼能使夢想成真。為了引起小讀者的興趣，特別著重在各傳主的童年生活描述，希望能引起共鳴。尤其在閱讀這些作品時，能於心領神會中得到靈感。

和一般從外文翻譯出來的偉人傳記所不同的是，此套書的特色是，由熟悉兒童文學又關心教育的作者用心收集資料，用有趣的故

事，融入知識，並以文學之筆，深入淺出寫出適合小朋友與大朋友閱讀的人物傳記。在探討每位人物的內在心理因素之餘，也希望讀者從閱讀中，能激勵出個人內在的潛力和夢想。我相信每個孩子在年少時都會發呆做夢，在他們發呆和做夢的同時，書是他們最私密的好友，在閱讀中，沒有批判和譏諷，卻可隨書中的主人翁，海闊天空一起遨遊，或狂想或計畫，而成為心靈知交，不僅留下年少時，從閱讀中得到的神交良伴（一個回憶），如果能兩代共讀，讀後一起討論，綿綿相傳，留下共同回憶，何嘗不是一幅幸福的親子圖？

2006 年，我們升格成為祖字輩，有一位朋友提了滿滿兩袋的童書相送，一袋給新科父母，一袋給我們。老友是美國國家科學院院士，曾擔任過全美閱讀評估諮議委員，也是一位慈愛的好爺爺，深信閱讀對人生的重要。他很感性的說：「不要以為娃娃聽不懂故事，我的孫兒們一出生就聽我們唸故事書，長大後不僅愛讀書而且想像力豐富，尤其是文字表達能力特別強。」我完全同意，並欣然接受那兩袋最珍貴的禮物。

因為我們同樣都是愛讀書、也深得讀書之樂的人。

謹以此套「世紀人物 100」叢書送給所有愛讀書的孩子和家庭，以及我們的孫兒——石開文，他們都是世界上最幸福的孩子，因為從小有書為伴，與愛同行。

作者的話

　　自從多啦 A 夢把漫畫世界裡的第一臺時光機開到了大雄的抽屜之後，時光旅行的夢，就一直深植在每一個孩子的心中。能夠來一趟時光旅行，不僅僅是孩子的心願，同時也是許多科學家畢生想要完成的夢想。但是，在時光旅行還沒有實現的這個世代，電動玩具多多少少補足了我們一點點的遺憾。

　　還記得高中時候的歷史課，同學們最感興趣的，便是中國史當中的三國時代了。對一個後來從事史學工作的我來說，三國時代是中國斷代史當中最難處理的時代之一，因為期間崛起的人物多，發生的事情多，就連戰爭也非常多，困難的程度，也許僅次於唐朝之後的五代十國。可是令我感到訝異的是，班上的同學似乎對三國的一切瞭如指掌，那些我幾乎連念都不會念的名字，他們竟能如數家珍似的倒背如流。

　　後來我才知道，那個時候，同儕間正流行一個電玩遊戲──「三國志」。這個遊戲由日本光榮（KOEI）公司開發，但是熱潮卻蔓延到整個臺灣，之後還連續出了好幾代的更新版，成為「回合戰略遊戲」的不朽之作。也因此，我的同學們都迷上了這個遊戲，更開始閱讀

《三國演義》。

　　就像現在的《哈利波特》一樣，《三國演義》成了當時高中男生必讀的經典之作，而就在遊戲與閱讀之間，這段複雜的歷史就這樣被記憶起來。儘管許多歷史學家認為這種小說類的歷史不算歷史，當然，更遑論那些以歷史故事為背景的電腦遊戲了。但是，若是可以藉由電腦遊戲，增進學生們對於歷史的瞭解與興趣，也許，歷史課將不再是一堂那麼無聊的課程。

　　這本書就是以一個電玩故事當作楔子的。故事的主角小曹，陰錯陽差的掉進了電動遊戲之中，數度與本故事的主題人物郭子儀相會，並且共赴沙場，征戰天下。也許，在許多人眼中，這不過是一個荒腔走板的荒唐故事。但是，作者希望傳達給讀者的，就是一種荒唐世界裡的真實人生。

　　故事的主題人物郭子儀，在唐朝中期的安史之亂中嶄露頭角，後來雖因平定亂事有功，卻也因為遭到奸臣的陷害而丟了工作。但是，對郭子儀來說，他把國家的利益當作自己的利益，把維持政局的和諧當作自己的目標，因此，數度放棄與人爭辯的機會，自願離開這個紛紛擾擾的政治圈，也為唐朝的歷史及後世樹立了良好的典範。與當今的許多政治人物相比，那些以自己的利益為優先，以

自己的荷包為考量的政客們，也許真的應該多向
郭子儀學學。

　　司馬光在《資治通鑑》裡面讚賞郭子儀，
認為「天下以其身為安危者殆三十年，功蓋天下
而主不疑，位極人臣而眾不疾，窮奢極欲而人
不非之」，意思就是說，天下的安定，維繫在郭
子儀一個人的身上長達三十年之久，而他的功勞
高過天下所有的人，但是皇帝卻不會對他的忠誠有所疑慮；地位在
眾文武百官之上，卻不會遭到人家的嫉妒；更高明的，他利用奢華
的生活來讓別人覺得他對大唐沒有謀反的打算，因此從來沒有人因
為他過得太舒適而有所批評。這樣的人不但是「前無古人」，恐怕也
是「後無來者」了。

　　當然，這個故事不見得都是「真的歷史」，為了讓故事更有可讀
性，作者把故事的背景包裹在一個電腦遊戲裡，這樣的筆法，雖不
免帶有一些些「奇幻」的想像，卻能讓許多難以解釋的問題順勢迎
刃而解。包括故事的主角小曹如何可以瞭解其他地方同時發生的事
情，還有為什麼小曹能夠確實掌握許多與唐代社會相關的背景資料，
正因為這是個電腦遊戲，透過「精靈」這個功能，其他地方發生的
事情或是需要解釋的資訊，就能像動畫或文字一樣的展現在玩家的
面前。這樣的寫作方式是作者第一次的嘗試，希望讀者都會喜歡。

　　照例，作者還是要嘮叨的提醒讀者，對於故事裡的人名、地名
不要太過在意，對於故事人物彼此的互動，可以多花一點心思來想

像。因為，這樣會讓你們更快進入故事的情境當中。這不僅僅是故事主角的親身經歷，也許，如果你們的想像力夠的話，也可以成為你們的親身經歷，如果真的可以這樣，我相信，你們應該會更喜歡這本書。

寫書的人

胡其瑞

筆名「出谷司馬」，臺北市立建國中學畢業，政大歷史系碩士，現任中央研究院歷史語言研究所研究助理。偶爾喜歡在部落格裡寫寫散文，發發牢騷；偶爾喜歡投投稿，然後因為文章被刊登而高興十天半個月。曾於報紙上發表〈餓的話，每日熬一鷹〉、〈兵變俱樂部〉、〈我的情報局鄰居們〉、〈兩個女人的戰爭〉以及〈我的 DIY 老爹〉等散文。著有「世紀人物 100」系列《舌燦蓮花定天下：張儀》、《石頭將軍：吳起》以及《運籌帷幄，決勝千里：張良》等書。

轉危為安救大唐

郭子儀

目次

世紀人物 100

郭子儀

697～781

序　曲

──奇幻冒險的開始

「小曹！今天下課以後要不要一起去打怪？」課上到一半，阿凱把頭湊了過來，悄悄的對小曹這樣說。

「每天都打一樣的怪，很無聊耶！」小曹有點不耐煩的說。

小曹和阿凱是班上的一對活寶，同時他們也是下課之後一起玩線上遊戲的好戰友。這些日子，他們下課以後，都湊在一起打Game，不過打了幾個月下來，已經覺得有點無聊了。

「小曹，你看，」阿凱偷偷摸摸的從書包裡拿出一個小盒子，上面寫著「大唐英雄傳」。「這個Game是昨天才上市的喔！聽說蠻好玩的。」

「真的嗎？」小曹興奮的說，「借我！借我！」

「等我灌完了再借你，先給你看一下。」阿凱一邊說，一邊把光碟從盒子裡拿了出來，遞給小曹。

「好吧！那……。」

「阿凱！小曹！你們在做什麼？」話才說到一半，老師如雷貫耳的聲音傳來，讓他們兩個嚇了一跳。小曹順手就把光碟丟到書包裡了。

「我……沒有……。」支支吾吾的，兩個人誰也答不上話來。結果，兩個人被老師罰站到這堂課下課。

下了課，阿凱照例跟一群朋友到操場上打躲避球，打著打著竟然把光碟的事情給忘了。放學回到家裡，小曹正準備要寫作業的時候，打開書包，卻發現這張光碟片，靜靜的躺在書包的一個角落裡。

不知道是不是自己的錯覺，

小曹覺得，這張光碟似乎發出了淡淡的藍光，好像正在呼喚著自己。小曹把光碟拿在手上，翻過來翻過去，心裡想:「反正媽媽還要差不多一個小時才會回到家，我先玩一下，半個小時以後再寫作業也沒關係，反正今天的作業很少。」

禁不住誘惑，小曹把光碟放進了光碟機，很熟練的開始進行安裝的程序。

為了節省時間，開場的動畫也沒有時間看，很快的便進入了安裝的模式。看著做成像卷軸一樣的安裝進度指示表，從五十爬到六十，然後是七十、八十終於到了一百。

您好，歡迎您進入「大唐英雄傳」，請輸入您的代號:

電腦上顯示出這行字，通常

這也是所有網路遊戲都有的程序。

「極光勇者」，跟其他的遊戲一樣，小曹把自己最熟悉的代號輸了進去。

您的職業是：

下一步是選角色的職業，有將軍、有軍師、有吟遊詩人等等一大堆的選項，這次小曹選了武士。

現在請選擇角色的外型：

小曹挑了個滿嘴鬍渣的武士，看起來很兇惡，手上還拿了一把斧頭。

您想要加入的群組是：

螢幕上秀出幾片竹簡，上面

寫著一些皇帝的名字，有的小曹看過，有的則很陌生。

「嗯，就選唐玄宗吧！我記得社會老師說過這個時代很棒，又沒有戰亂，生活又好，還有個什麼『開元之治』，應該挺不錯的！」

用滑鼠選完了群組，螢幕上又列出了一段文字：

為了避免有人盜用您的帳號，造成您的不便，請您透過「指紋辨識系統」輸入您的指紋，以後您只要透過指紋辨識器，就可以登入本遊戲。您也可以選擇放棄，但本公司強烈建議您使用本項服務。

「現在的遊戲怎麼這麼麻煩啊？」小曹有點著急了，看著牆上的鐘，時間一分一秒的過去，深怕媽媽回來，就沒有辦法再繼續

玩下去了。於是小曹將手指輕輕劃過筆記型電腦上的指紋辨識器。

奇怪的事情就這樣發生了。

小曹發現，碰觸到指紋辨識器的手指，好像變得像口香糖一樣軟軟黏黏的，接下來，他的手掌、手臂，整隻手都變得軟軟的，就好像「驚奇四超人」裡的奇幻人一樣，被拉成長長的橡皮，然後下一瞬間，眼前一片黑暗。小曹就這樣消失在電腦前，只留下電腦螢幕上的一排字：

遊戲進行中……

1　長安城的大街上

「喂喂喂！小哥，你壓到我的燒餅啦！」

小曹被一陣嘈雜的聲音吵醒，勉強起身想要看看四周，馬上被刺眼的陽光照得幾乎睜不開眼睛了。過了好一會兒，小曹才發現，自己倒在一個賣燒餅的鋪子上，可是，這裡不是巷口的永和豆漿，而是一個完全沒有看過的地方。更奇怪的是，所有的人都穿著奇怪的衣服，就好像在電動裡面的服裝一樣。

「這……這裡是哪裡？」小曹勉強擠出一句話。

「不會吧？小哥，你是不是喝多啦？這裡是長安啊！」燒餅鋪老闆一邊撿著被小曹弄到地上的燒餅，一邊沒好氣的回答著。

「長安？你是說長安東路還

9

是長安西路？」小曹住在臺北市，所以直覺說出這兩個他記憶中跟長安有關的路名。

「什麼東啊西的？我看你不是漢人吧？怎麼講話也怪裡怪氣的？」

「我……我是……我是臺灣人。」小曹沒什麼頭緒的說了出來。

「臺灣？沒聽過，一定是個很遠的地方吧？我說這位小哥，你怎麼會從樓上掉下來啊？是不是真的喝醉了？」

「你們……怎麼都穿成這樣？你們是不是在玩 Cosplay* 啊？」

「扣斯賠？小哥你在說什麼啊？你真的是外國人吧？怎麼口音這麼奇怪？」老闆懷疑的說。

「奇怪？」小曹心裡納悶著，

放大鏡　＊ Cosplay 是一種角色扮演活動，參與者會用化妝、服飾和道具把自己打扮成動漫、遊戲等作品中的角色。

「這老闆怎麼一直叫我小哥，我不過是小學五年級的小孩，你一個大人怎麼一直這樣叫我？」想著想著，小曹終於站了起來。出乎他意料之外的，以前一下子就站起來了，現在好像花了很長的時間才站直了身子，更令他感到奇怪的，怎麼這些大人都長得這麼矮，有些還比他矮得多？

小曹拍了拍身子，發現自己也是一身奇裝異服，手裡還握了一把斧頭，往臉上一摸，到處都是刺刺的東西。

「我需要一面鏡子。」小曹發現自己的身體有了改變，想找一面鏡子來看看。

「鏡子？你是女人啊？女人才要鏡子啊！」燒餅鋪老闆笑著說，旁邊幾個小伙子聽到了，也不禁大笑了起來。

「我……給我一點水。」小曹有點慌了，想要點水喝，要不

11

然，用水洗洗臉也好。

「水，喏！那兒不就有一口井，自己去打水吧！」

小曹搖搖晃晃的走到井邊，迷迷糊糊的往井裡頭一看。從這粼粼的水波當中，看到了自己的模樣。

「這……這不就是我選的那個遊戲角色的造型嗎？」小曹訝異的說。

小曹還搞不清楚發生了什麼事情時，後面傳來一陣陣怒吼的聲音：「讓開！讓開！」一群穿著士兵服裝的人推了一輛用木條做成，像籠子一樣的車子，小曹看過電視劇，知道這樣的車子叫做囚車，是古代用來押送犯人的。

「讓開！讓開！死刑犯要過！」士兵們繼續兇惡的推開人群，可是圍觀的人卻越來越多，大家在旁邊指指點點，看著囚車裡的男子，一臉眉清目秀，不像

壞人的樣子。於是，大家開始交頭接耳了起來，想要知道這個人到底犯了什麼該死的罪。

這邊正在熱鬧著，前頭的街角走出一個醉醺醺的傢伙，手上還拿著一壺酒，口中唸唸有詞：「人生得……得意須……須盡歡……，呃！……莫使……金樽空對月啊！好詩，好詩啊！」

「這糟老頭是誰啊？」小曹好奇的問了一下燒餅鋪的老闆。

「他？你真不知道還是假不知道？我看你大概才剛到長安城吧！」老闆一副不可置信的樣子，「他可是我們大唐最有名的詩人，李白李大人啊！」

「李白？李白怎麼可能是一個糟老頭？我印象中的李白應該是文質彬彬，很有文學氣息的樣子，怎麼可能是一個醉醺醺的老頭子？」

「小哥啊！你話可不能亂說

啊！當今的皇上可是很喜歡李大人的詩呢！皇上還讓他的兩個寵臣高力士和楊國忠一個幫他脫鞋，一個幫他磨墨，就為了要讓李大人寫一首詩呢！這兩個傢伙平常作惡多端，現在被李大人整了，想起來真是大快人心啊！」

李白看到這邊這麼多人，便搖搖晃晃的走了過來。東張西望了一會兒，便開口問了帶隊的士兵，這個囚車裡的人是誰？

「啟稟李大人，這個小子叫做郭子儀，因為頂撞了我們的長官，被判了死罪，正準備帶去刑場呢！」

「郭子儀？我記得奶奶看的歌仔戲裡好像有這個人物。」小曹心裡想。

李白瞧了瞧囚車裡的郭子儀，喃喃自語的說：「我看他長得不像壞人，而且都死到臨頭了，還一點都看不出害怕的樣子，一

定不是個平凡的人，這樣吧！我去見見你的長官，看看能不能陪他喝喝酒，讓他消消氣，留下這年輕人一條命，我相信將來一定對我大唐有幫助的！」

「既然李大人這麼說，」帶隊的士兵說，「我想我們長官一定會看在您的面子上，放他一條生路的。那麼，就請李大人隨我們去見長官吧！」話說完，一隊的士兵又推著郭子儀的囚車，跟著李白走了。圍觀的人瞧了半天，發現似乎沒有什麼好戲可看，也就一哄而散了。

這個時候，小曹的身旁突然有聲音叫住他：「請問，您是『極光勇者』嗎？」聽到這個稱呼，小曹嚇了一跳。這個名字只有常常跟自己一起玩線上遊戲的朋友才聽過，怎麼會有人知道呢？回過頭一看，卻什麼人也沒有。

「請問，您是『極光勇者』

嗎?」那個聲音又問了一次,這次小曹找到了聲音的來源,原來,是一個像懷錶一樣的小東西,掉在小曹的腳旁。小曹好奇的把懷錶撿了起來。「請問,您是『極光勇者』嗎?」懷錶內又發出了一樣的聲音。

「是啊,我是,可是你是誰呢?」小曹對著懷錶說。

「您可以幫我把懷錶打開嗎?」從懷錶裡發出的聲音這樣說。

「啵」的一聲,小曹把懷錶旁的按鈕按了一下,懷錶就像蚌殼一樣的彈了開來。說也奇怪,裡面竟然站了一個跟拇指一樣大的小人,對著小曹笑著。

「你⋯⋯你是誰?你怎麼會那麼小?你怎麼知道我叫做極光勇者?你怎麼會躲在懷錶裡?你⋯⋯,」小曹發現終於有人認識他了,劈哩啪啦的問了一大串問

題。

「您一次問這麼多問題，我要先回答哪一個呢？」在懷錶裡的小人繼續說：「這樣吧！我先作個自我介紹。首先，感謝您購買本公司最新發行的遊戲『大唐英雄傳 On Line 』，我是遊戲小幫手──『精靈』，負責協助您完成這個遊戲，如果您在遊戲進行中有任何不瞭解的地方，只要打開懷錶，我就會出來幫助您。請問，您需要什麼幫助嗎？」

「為什麼我會整個人進到遊戲裡來呢？」小曹問。

「這是本公司最新的產品，叫做『虛擬實境 On Line 』，您只要透過電腦上的指紋辨識器，就可以進入這個虛擬實境的空間裡，讓您享受更真實的遊戲環境。」

「喔！我記起來了！我那個時候正在輸入我的指紋，……你

們怎麼可以這樣？也沒有問過我就這樣把我抓進來，我怎麼知道能不能出得去？」

「很抱歉，因為這是本公司最新的產品，還在測試階段，為了避免造成玩家的困擾，所以我們撒了一點小謊。」

「小謊？我還有作業要寫耶！」小曹生氣的打斷了「精靈」的話。

「您別生氣，您要離開遊戲的話，只要按下懷錶背面的按鈕，就可以回去了，不過……。」不等精靈把話說完，小曹把懷錶轉了過來，按了一下按鈕，馬上又是一片黑暗，他感覺一陣暈眩，再度張開眼睛時，發現他又回到電腦前面了。

「哇！現在的遊戲做得還真神，阿凱給我的東西還真不賴！下次得好好玩一玩。」小曹看看牆上的時鐘，「咦？我感覺我玩了

好久，怎麼時鐘好像連動都沒有動？唉，不管了，先寫功課吧！」

小曹坐在書桌前，剛剛遊戲裡的畫面，不禁又一幕一幕的出現在他腦海中：「郭子儀⋯⋯李白⋯⋯長安城，一切都好像真的一樣。」不知道是受到什麼力量的引誘，小曹的手竟然不自覺的，又移到了電腦旁，他的食指輕輕的劃過了指紋辨識器，「唰」的一聲，眼前又是一片黑暗，再度張開眼睛，發現他手裡握著懷錶，站在原來的長安大街上。

可是，不一樣的是，周圍的環境都變了，原本熙來攘往的街道，變成了空空蕩蕩的大街。黃沙滾滾，路上的行人好像乞丐一樣，遠遠的地方，還不時的傳來「咚咚咚」的鼓聲，每個人的臉上，都是不安與惶恐。

「這是怎麼一回事？剛剛賣燒餅的老闆和鋪子怎麼都不見

了？」小曹好奇的問。

「您怎麼不聽我說完呢？」精靈又跑了出來，站在懷錶裡。

「這是怎麼一回事？剛剛的街道還是那麼熱鬧，怎麼一轉眼就變成這樣了？」小曹著急的問。

「我說要您聽我說完嘛！您怎麼這麼性急！本遊戲為了避免耽誤玩家的時間，把遊戲內的時間縮短，所以您在遊戲外的一分鐘，就是在遊戲裡的一年。」

「一年？那現在跟我之前進來的時間差了多久？」

「喔！大概過了有差不多十幾年的時間囉！現在正好是『安史之亂』開始的時候，所以長安城裡到處都是外面躲進來的難民。」

「啊！怎麼會這樣？那我不要選這個時間，我可以改嗎？」

「不行耶！」精靈搖搖頭說，「本遊戲可以供玩家試玩一次，

玩家登出再進入就表示您確定要玩這個群組，必須破關了以後才能登出。您使用前沒有看盒子上的說明書嗎？」

「這是什麼話？遊戲的盒子在我同學那裡啊！現在打 Game 的哪有人還看說明書的？我又不是我爸那個年代的人。」

「那麼，不好意思，您的建議我會向本公司反應，總之，您必須先把所有的任務完成才可以登出。不然，您就得一直待在遊戲裡了！」

「這是什麼設計啊？我還有功課要寫耶！而且我媽馬上就要回來了，要是我作業沒有寫完，肯定是要挨揍的！」

「真的很抱歉，這已經不是精靈的權限了，恐怕您得完成任務才行。」

「那……，」百般的不情願，加上一點點的好奇，小曹說:「好

啦好啦！快告訴我第一個任務在哪裡？」

「謝謝您愛用本公司的產品，現在，請您到客棧去，在那裡您會找到您要的東西。」

「那就走吧。對了！告訴我，什麼是『安史之亂』啊？」

2 安史之亂的序幕

「唐朝的長安城是當時世界上最大的一個城市，經濟發達，百姓的生活也非常富裕。到了唐玄宗的時候，幾乎可以說是有史以來最繁榮的一個時代。在長安城的每一條大街上，都可以看到來自世界各地的商人，因此在這裡看到外國人，也一點都不會感到奇怪。

「甚至，在唐朝朝廷裡面當官的人，除了一些漢人以外，還有許多其他民族的人。其中有一個在朝廷裡擔任重要官職的人，他的名字叫做安祿山。安祿山是一個胡人，因為很得唐玄宗的喜愛，所以官位越來越大，最後當到了河東節度使，簡單來說，就是鎮守河東區域的重要將領。可是，他並不怎麼滿意他現在的官

位，反而希望自己來當皇帝，於是便和自己的部下史思明聚集了大約十五萬的人，一起反叛朝廷，所以後代都叫這場叛變為『安史之亂』。」精靈說。

「原來是這樣，」小曹似懂非懂的說，「可是，皇帝不曉得安祿山會造反嗎？」

「這就是另一段很長的故事了。您應該聽過白居易的〈長恨歌〉吧？」

「有啊！有啊！就是那個：『漢皇重色思傾國，御宇多年求不得。楊家有女初長成，養在深閨人未識……。』對吧？」小曹搖頭晃腦的唸了幾句〈長恨歌〉。

「對！這一首詩就是在講安史之亂剛開始的故事。一開始，當今的皇上，也就是後來我們稱的唐玄宗，非常寵愛楊貴妃。這也難怪，因為『回眸一笑百媚生，六宮粉黛無顏色』嘛！楊貴

妃不過是回頭笑了一笑，就把整個後宮的嬪妃都比了下去去。因為皇上對楊貴妃的寵愛，使得楊貴妃的家人都在朝廷裡當了大官，在地方上也作威作福。」

「喔！這就是『姐妹兄弟皆列土，可憐光彩生門戶』的意思。」

「是啊！所以整個朝廷都被楊家的人搞得亂七八糟的。安祿山當然也看得出來，靠著楊貴妃，他也可以慢慢的往上爬囉！所以，他就百般巴結楊貴妃，甚至不管自己已經四十四歲，而楊貴妃只有二十八歲，卻還認她為乾媽。」

「這會不會太離譜啊？」小曹一副不可置信的樣子。

「對啊。加上他又很會講話，所以越來越受皇上重視。因為安祿山是一個大胖子，肥到肚子下垂而且垂過了膝蓋，有一

次，皇上覺得很好玩，就問他說：「你肚子這麼大，裡面到底裝了些什麼東西啊？」安祿山回答皇上說：「裡面什麼也沒有，只有一顆對皇上的忠心。」」

「真是太噁心了！」小曹忍不住的說。小曹班上也有這樣的同學，嘴巴很甜，常常講老師喜歡聽的話，可是大家都知道他們都在背後說老師的壞話。

「結果呢？」精靈繼續說：「嘴裡說的忠心有什麼用，最後還不是背叛了皇上。」

「所以接下來就是：『漁陽鼙鼓動地來，驚破霓裳羽衣曲』了。」

「沒錯，這就是形容安祿山反叛的時候，震動了整個朝廷的情況。」

「那這場戰爭最後是誰打贏了呢？」小曹問道。

「在歷史上，這場大戰大約

持續了七年多，最後唐軍在大元帥郭子儀的領導下，才平定了這場叛亂。」

「郭子儀？這名字好熟啊！……咦？不就是我第一次玩這個遊戲的時候，在囚車裡看到的那個犯人嗎？」小曹回想起剛才的情景，好像才幾分鐘前的事情，但是，在遊戲裡卻已經過了十幾年了。

「是的！」精靈回答道：「您前一次遇到的郭子儀，就是這一個遊戲群組中的重要主角。自從他被李白救了之後，郭子儀非常努力向上，在軍隊中獲得了長官的賞識，慢慢的變成了唐朝軍隊當中重要的人物了。」

「那這樣就簡單了嘛！反正我們這個時代有郭子儀，那不就是穩贏了嗎？」小曹如釋重負的說。

「那……可不一定。」精靈告

訴小曹，「本公司的遊戲，並沒有設定最後的結局，而是得看玩家怎麼參與這個遊戲，您也可能輸掉這場戰爭，最後讓安祿山當上皇帝。」

「那不就跟歷史不同了嗎?」小曹緊張的問。

「所以就看玩家怎麼玩這個遊戲了!您一開始的時候不是也可以選擇當安祿山嗎?所以，對每個玩家來說，這個遊戲的結局，可能都不一樣。」

「啊!那不就有可能會打敗仗，甚至是戰死囉?」小曹開始有點擔心了。

「是的!啊!客棧到了。」說完，精靈便「咻」的一聲回到了懷錶當中。

「喂!喂!喂!你怎麼這樣就離開了啊?要是戰死了怎麼辦?」小曹大喊。

「各位要是戰死了，皇上會

封給你們很高的爵位，連你的家人都會受到很好的照顧的！」小曹才剛剛說到「戰死」，沒想到客棧裡傳來了宏亮的聲音，好像在回答小曹的問題。

小曹好奇的走進客棧，發現裡面擠滿了人，有一個看起來五六十歲的伯伯，站在一張桌子上，正用宏亮的聲音對著大家說話。

小曹好不容易擠進了人群，來到桌子的旁邊，想要仔細聽聽這個人正在說什麼。

「各位，可惡的安祿山不顧皇上對他的恩惠，竟然想要推翻我大唐，這種大逆不道的行為，是我們所不能容許的。我們需要各位加入這保衛大唐的行列，我郭子儀，」講話的人停了一停，「絕對會好好照顧各位的。」

「喔！原來他就是郭子儀啊！」小曹抬起頭來端詳了一下，

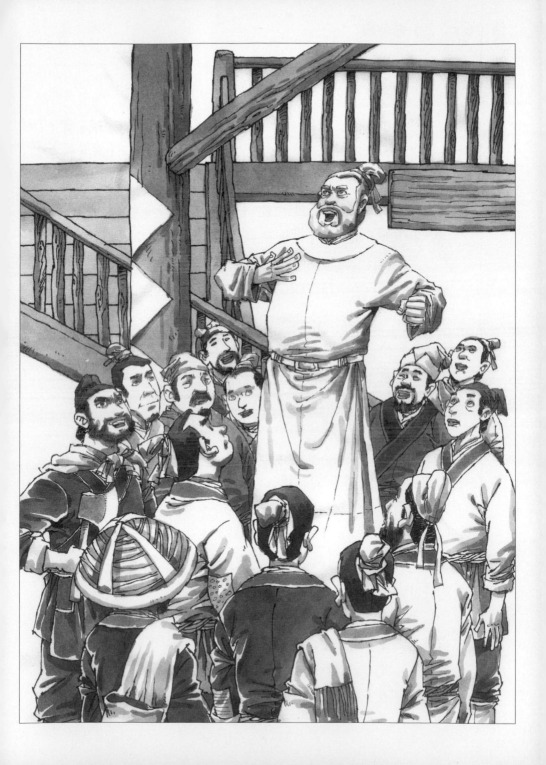

感覺這個年近六十的伯伯，確實和當初那個被關在囚車裡的年輕人很像，不過，和當時的他比起來，現在的郭子儀多了許多成熟與穩重的感覺。

「你們當中，」郭子儀繼續說，「有誰願意加入我的行列，和我一起保衛大唐，對抗安祿山啊？」

旁邊的人，各個你看我、我看你，因為想到了安祿山的十五萬大軍，誰也不願意出來當第一個送死的人。就在這個時候，小曹口袋裡的懷錶突然震動了起來，小曹嚇了一跳，就「啊」了一聲，站了起來。

「很好！小兄弟！」郭子儀看到小曹站了起來，很高興的說：「我大唐有你這樣有為的青年，就算是十個安祿山來也不怕！我現在就封你為『先鋒小隊長』，統領五百人。」說完，就拉著完全

在狀況外的小曹到一旁去了，其他的人看到小曹站起來就當了個「先鋒小隊長」，因此也就有人陸陸續續的報了名，不過，小曹是第一個自願者，有帶頭的功勞，其他人當然也就沒有這麼好的待遇了。

「你叫什麼名字？」郭子儀問道。

「曹……極光勇者。」小曹本來要講真名的，但是心想，反正是在遊戲裡嘛！不如就用自己慣用的名字吧！

「嗯！名字不錯，就是難唸了一些，我就叫你極光吧！」郭子儀說。

「不會……很奇怪嗎？」小曹問。

「怎麼會？我大唐的百姓形形色色，你這個名字還算好呢！遇到那些來自回紇、吐蕃的人，名字連叫也叫不出來。」郭子儀笑

著說，「好吧！等招足兵馬之後，我們就得往長安城外的潼關去了，聽說安祿山已經派兵南下，我打算以潼關為基地，對抗安祿山的大軍。我的幾個手下駐紮在長安城外，我先帶你去見見他們。」

「好……。」因為這一切都來得太突然，小曹有點不知所措了。跟著郭子儀上了馬，向長安城外走去，這個時候，精靈終於又出聲了。

「恭喜您啊！先鋒小隊長，」精靈說，「這個職位還不錯，等級是三，您還得累積多一點的經驗點數才行。經驗點數累積可以升級，升級之後生命點數會增加。」

「喂！我現在到底要做什麼啊？你把我弄糊塗了。」

「您不是常玩線上遊戲嗎？當然就是要打打敵人賺一點經驗

點數和現金，然後慢慢的升級啊！」

「那然後呢？我的任務到底是什麼？」

「在遊戲中，我們的主機會把您的任務慢慢告訴您的。您看到這個玉佩了嗎？」精靈在小曹的眼前秀出了一個玉佩的投影。

「然後呢？」小曹問。

「等您找到這個玉佩的時候，」精靈回答，「就是您完成任務，離開遊戲的時候囉！」話一說完，這個玉佩的投影就「刷」的一聲，消失了。

「這多難找啊？還有，你說我也有可能戰死，這是怎麼回事？」

「這是當然的啦！」精靈回答道，「每一個遊戲人物不是都有生命點數嗎？用完的時候，就是死掉的時候啦！」

「死掉後怎麼辦？就離開遊

戲嗎?」小曹繼續追問。

「當然不是，如果您手中有『大唐幣』的話，只要五千個大唐幣就可以復活，不過等級要降一級。要是沒有『大唐幣』，就得靠您的線上網友來支援您，幫助您復活。」

「這下糟了，我在這個遊戲裡沒有認識的人啊！我的好朋友阿凱，他的光碟還在我的電腦裡，這樣不就沒有人會來救我了?」小曹發現事情有點嚴重了。

「那……我也沒有辦法了！」精靈無奈的說，「總之，多存點『大唐幣』，您可以靠打仗或是接任務來獲得『大唐幣』和經驗點數，我想這樣您應該比較不會擔心了吧?」

「擔心，我擔心死了！」小曹沒好氣的說。

「好了，該介紹的都介紹完了，以後您要是有疑問，可以直

接用懷錶上的按鈕呼叫精靈功能，我們會用懷錶投射出相關的資訊，在您使用精靈功能的同時，時間是暫停的，所以遊戲中的其他人不會因此而感到奇怪。」說完，精靈便又「咻」的一聲回到了懷錶當中。

當郭子儀的人馬整頓好了以後，便開拔前往潼關了。剛到潼關沒有多久，就聽到安祿山的手下高秀巖打算出兵攻擊郭子儀所管轄的「振武軍」。

「高秀巖這小子，不過是小小一個大同軍使，就想要來跟我的振武軍對打？」於是郭子儀迅速的指揮軍隊，對高秀巖的軍隊予以迎頭痛擊。由於郭子儀的軍隊平時訓練有素，所以振武軍打了好幾場的勝仗，讓原本動盪的唐軍軍心，振奮不少。

之後，郭子儀又派出小曹的軍隊，乘勝追擊，把安祿山所管

轄的「靜邊軍」打得落花流水，殲滅了大約七千人。這是小曹參與的第一場大戰，戰場上兩軍你來我往，雖然是個電腦遊戲，但是卻逼真得很，不禁讓小曹大呼過癮！突然間，一陣清脆的響聲響起，然後在小曹的眼前投影出一行字：

　　恭喜您升到第四級，獲得大唐幣壹萬元。

　　「嘿！升級了耶！還有大唐幣壹萬元，這樣最少可以死兩次囉！」小曹第一次在遊戲裡開心的笑了。

3 曙光乍現的時刻

　　郭子儀的大勝，並沒有讓安祿山打消反叛朝廷的野心，反而繼續派出了更強勁的部隊，打算一舉把長安給奪下來，好完成自己當皇帝的夢想。

　　安祿山的老巢在范陽，在范陽和長安之間有一個地方叫代州，是一個地勢險要的地方，大家都稱這裡叫做「東陘關」，意思就是若是有軍隊要進入京城長安，一定得經過這個重要的通道。東陘關有兩個重要的據點，分別是雲中和馬邑，可是這兩個地方卻被安祿山的部隊占領了。雲中和馬邑失守，不但往東的道路被堵住，對於京城來說，也是一大威脅。因此，郭子儀再度派出主力部隊包圍了雲中，同時再派出小曹隨同公孫瓊巖一同攻破

了馬邑，把東陘關給打通了。有
了東陘關當作基地，郭子儀就可
以在這裡好好的訓練部隊，隨時
準備往北攻打安祿山的大本營
了。

　　沒過幾天安定的日子，有一
天夜裡，正當郭子儀和將領們在
商討戰略的時候，突然傳來報
告，說李光弼派來的使者，希望
能見郭子儀一面。

　　「李光弼？這個名字很陌生
耶！我來試著問問精靈吧！」小曹
沒聽過這個名字，於是便按了
「精靈」功能選單。手上的懷錶
便投影出了字幕：

　　李光弼是契丹人，祖先都曾
當過契丹的酋長。父親曾經當過
唐朝的武將，也曾被封過爵位。
李光弼從小就很努力練武，也用
功讀書。長大以後投入唐朝的軍
隊，因為非常勇敢，又很機智，

所以職位慢慢的也越升越高。

　　他的上司安司順很賞識他，建議朝廷聘請李光弼擔任更重要的職位，同時，也想把自己的女兒嫁給他。但是，李光弼已經有了妻子，所以多次向安司順拒絕，可是安司順硬是要李光弼接受，李光弼最後只好無奈的辭去所有的官職。

　　在朝中還有另一位武將名叫哥舒翰，是李光弼的好朋友，但是卻是安司順的死對頭。因此，為了保護李光弼，哥舒翰便向朝廷上書，把李光弼收編為自己的部下。這個時候，郭子儀正好在哥舒翰的陣營裡，受到他的重用。

　　不過，一開始的時候，李光弼和郭子儀兩個人感情並不好。兩個人常常見了面都不說話，但是郭子儀卻很佩服李光弼的能力，當郭子儀升官的時候，同時

也建議朝廷讓李光弼擔任更重要的職務。最後甚至推薦李光弼，讓他和自己都成為地區最高的軍政長官，也就是「節度使」。

「李光弼？」小曹收起了懷錶，就聽到郭子儀說道：「他不是帶了一萬多人往河北的常山郡去了嗎？我聽說他和常山的居民一同把安祿山的叛軍趕跑了，現在突然派使者前來，莫非是發生了什麼事情？快快請他進來！」

話說完，外頭走進來一個頭髮散亂，滿身傷痕的士兵，從他身上滿是沙土，可以看出他一定是千里迢迢，風塵僕僕的趕來。

「發生了什麼事情？快請大夫來幫這位壯士療傷！」郭子儀看到這士兵傷得不輕，趕緊讓他坐了下來。

「啟稟節度使，」使者顧不得自己身上的傷，趕緊開口說道：

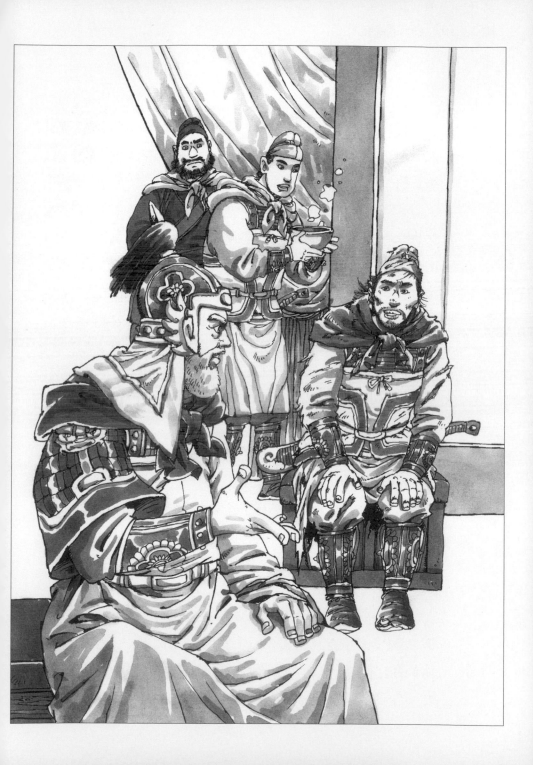

「我軍現在非常危急，請您趕緊派人支援。」接下來，使者便將前線的狀況，說了一遍。

原來，當李光弼進駐常山的第二天，史思明便帶了兩萬人包圍了常山，雖然李光弼多次出城作戰，但是敵人源源不斷，所以根本沒有辦法將這些叛軍消滅。而且受到敵軍的圍困，城中的糧食都快吃完了，連餵馬都只能找草席之類的東西來餵，情況相當的危急。

郭子儀聽完了使者的話，覺得情況真的相當緊急，如果再拖延下去，恐怕常山會整個丟掉，李光弼也會性命不保。於是，立刻下令部隊前往常山解救李光弼。

郭子儀率領了八、九萬的大軍，加上常山和李光弼差不多兩萬的軍民，裡應外合，果然大敗史思明的叛軍，斬殺史思明手底

下的多名大將，解了常山之危，但可惜的是讓史思明給逃走了。

郭子儀領軍乘勝追擊，一路往北，越戰越勇，並俘虜了相當多的敵軍，但是，郭子儀覺得這些人大多是被安祿山、史思明等人逼著參加叛軍的，所以，除了殺了帶頭作亂的大官之外，其餘的軍人一律釋放。如此具有同情心的行為，獲得了很多人的支持，許多原本被強迫加入叛軍的人，現在都自願加入郭子儀的軍隊，因此，唐軍的聲勢也就越來越浩大了。之後，郭子儀和李光弼的軍隊，來到了史思明躲藏的博陵。

但是史思明也不是個省油的燈，所以唐軍一直沒有辦法把史思明打敗。郭子儀看這樣下去也不是辦法，不如先把軍隊帶回常山，等準備好了再一舉消滅叛軍。

史思明看到唐軍撤退了，以為有機可乘，便率領了少數的部隊出城，打算趁唐軍撤退之際，從後面偷襲。然而，郭子儀早就料到這一點了，派了小曹和幾個將領沿途埋伏，不時的騷擾史思明的部隊。這樣一兩天下來，叛軍整天都提心吊膽的，幾乎沒有辦法休息，弄得大家都相當疲累。史思明看這樣下去不行，於是下令部隊撤回博陵。就在這個時候，郭子儀下令回擊，叛軍根本來不及反應，只能夾著尾巴跑掉了，郭子儀又再度取得勝利。

遠在范陽的安祿山，看著自己好不容易打下來的江山，就要被郭子儀給搶回去，心裡當然不甘願，立刻派了大軍南下支援，與郭子儀的部隊對峙，一場大戰，看來已經無法避免了。

4 叛軍的大反攻

　　郭子儀看這些叛軍來勢洶洶，若是與他們正面衝突，也不見得百分之百可以獲勝，正在煩惱的時候，小曹倒是有一個建議：「我覺得不如這樣，我們把防守的工作做好，如果叛軍攻打過來，我們就關起門來加強防守；如果他們撤退了，我們就出城追擊。白天他們若要出陣，就讓他們疲於奔命，晚上我們再去偷襲他們的營帳，讓他們不能休息，等時機成熟了，我們再一舉消滅他們。」

　　「嗯！極光這個方法不錯，我們就這麼做，要是成功的話，一定好好獎賞你！」於是郭子儀便下令部隊，照著小曹的方法辦。經過幾天的往來偷襲，叛軍幾乎沒有辦法好好睡覺，加上白天得

出陣攻城，弄得每個人都睡眠不足，冒出黑眼圈了。郭子儀看時機差不多，立刻派出手下的大將僕固懷恩等人，率領了最精銳的部隊，在嘉山這個地方排好陣勢。史思明看到郭子儀的軍隊好不容易出了城，於是也率領了軍隊來到這裡，準備與唐軍決一死戰。儘管叛軍人數眾多，但是卻因為之前已經被小曹的計策弄得精神不濟，根本沒有力氣打仗，結果兩軍只交戰了一陣子，唐軍就已經消滅了四萬多的叛軍，俘虜五萬多人，還有五千匹的戰馬。史思明連盔甲都給丟了，光著腳逃回軍營，躲在博陵城裡不敢出來了。

恭喜您升到第七級，獲得大唐幣十萬元。

「嘿嘿！又升級了！」小曹高

興的說。看來他已經越玩越上手了。

　　吃了這場敗杖，史思明的部隊大概不敢再亂來了。因為自從安祿山叛變以來，整個河北在很短的時間內就被叛軍占領，但是這些叛軍並沒有能力好好的治理地方，只知道搜刮民眾的財物和糧食，讓百姓相當生氣，都在找機會起來反抗叛軍。這次嘉山之戰，唐軍獲得大勝，也鼓舞了河北百姓的士氣，大家組織了軍隊，響應唐軍的號召，殺了安祿山派來的守將，重新效忠唐朝。

　　郭子儀看到這樣的局勢，自然是相當的振奮，覺得若是利用這一股民心士氣，也許可以一股腦兒直接打倒在范陽的安祿山。郭子儀上書給皇帝，希望能結合河北勢力，直搗安祿山的老巢。但是皇帝不知道為什麼遲遲沒有回覆郭子儀，讓郭子儀相當的緊

張。因為若是錯過了這個大好的時機，恐怕安祿山又要捲土重來，到時候能不能打得贏，都還不知道。

為什麼皇帝遲遲沒有回覆郭子儀呢？小曹心裡也相當疑惑，也許精靈可以幫他解答吧！

因為安祿山的叛變，讓皇帝害怕極了，什麼事情都不敢做決定，就連重要的軍事行動，都交給對軍事一竅不通的宰相楊國忠來處理。楊國忠是誰？他就是楊貴妃的哥哥。由於楊國忠是靠著楊貴妃的關係，才當上宰相，而楊國忠根本沒有任何治國的能力，所以才把唐朝弄到今天這步田地。

當安祿山一開始叛變的時候，唐軍的大將高仙芝、封常清兩人因為來不及抵抗，只能從洛陽退守到潼關。潼關是長安城外

最重要的據點，等於是長安的大門，大門一旦破了，家裡的東西大概就被強盜搶光了。高仙芝和封常清兩人都是很有能力的大將，但是皇上卻因為聽信了別人的話，竟然下令把他們兩人給殺了，弄得唐軍人心惶惶。

之後，皇帝請出郭子儀和李光弼的老長官哥舒翰來鎮守潼關。哥舒翰覺得安祿山雖然占據了河北，但是畢竟不得人心，時間久了，自然會被百姓推翻。所以只要守住潼關，日子一久，一定會變化成對唐軍有利的局勢。所以哥舒翰到了潼關以後，除了加強防守之外，並沒有出兵攻打叛軍的打算。

郭子儀和李光弼也是這樣打算的，他們認為，有老長官哥舒翰守著潼關，再由他們趁著嘉山之戰大勝的氣勢，直接攻打范陽，一方面可以給予安祿山迎頭

痛擊，一方面也可以抒解潼關的壓力。

可是在長安城裡的皇帝跟宰相楊國忠，根本不瞭解現在的局勢，反而一直要求哥舒翰出兵攻打叛軍，以為只要哥舒翰出兵，就可以馬上解除長安所受到的威脅，甚至以抗命罪當作要脅，要哥舒翰立刻出關向敵軍進攻。稍微了解情況的人都知道，在這個局勢下出兵，對潼關是相當不利的事情，因為潼關的唐軍戰力本來就不比郭子儀和李光弼的部隊強。此次出潼關作戰，贏了也就罷了，要是輸了，叛軍便可長驅直入，兵臨長安城下。

果然，才剛看完電腦的分析，小曹馬上就聽到消息傳來：「潼關的守軍大敗，二十萬部隊幾乎全軍覆沒，哥舒翰也被俘虜了，潼關因此失守。」

潼關失守，就好像把大門的鑰匙交給強盜一樣，皇帝嚇得要死，只能帶著楊國忠、楊貴妃以及太子李亨和一些親信寵臣及宦官，急急忙忙的逃出長安城。可是，皇帝可不像是一般的百姓，要逃總要有一個像樣的地方可以去吧？楊國忠建議皇帝，可以先到他的老家劍南，那裡是他的勢力範圍，到了那裡再打算下一步該怎麼辦。

但是，太子李亨並不這麼打算。

太子和楊國忠的關係並不好，主要還是因為楊國忠不是個有能力的宰相。而楊國忠也知道太子不喜歡自己，所以常常找機會在皇帝面前建議要廢掉太子，改立一個比較聽自己話的人來當繼任皇位的人選。這樣，楊家就可以繼續掌控朝廷，一輩子作威作福了。

　　因此，如果這一次皇帝真的跟著楊國忠到了劍南，太子的地位恐怕就會受到很大的威脅，所以當他們一行人到了馬嵬驛這個地方時，太子李亨便鼓動保衛皇帝的禁衛軍發動兵變，藉機殺了楊國忠，並且威脅皇帝把他們認為一切禍患的來源——楊貴妃給賜死，不然就不肯繼續保護皇帝。

　　結果，楊貴妃被皇帝賜死，傷心的皇帝逃到劍南，而太子則往西北到了靈武。

　　「原來這就是『六軍不發無奈何，宛轉蛾眉馬前死』和『馬嵬坡下泥土中，不見玉顏空死處』的典故啊！」小曹看著懷錶投射出來的動畫，若有所思的說。

　　而對於郭子儀等人來說，這下事情嚴重了，因為一切都發生得太突然了，潼關失守、楊家滅門，就連皇帝跟太子都各自逃難

去了，朝廷群龍無首，這可怎麼辦才好。一個是傷心的老皇帝，一個是沒有實權的皇太子，到底現在要聽誰的呢？

不久，太子李亨在靈武自己宣布即位為皇帝，尊稱逃到劍南的老皇帝為太上皇。各路軍隊這下有了效忠的對象，才讓動盪的局勢穩定了一些。就在這一年的七月間，太子李亨在靈武正式即位為皇帝，從這一天開始，結束了他父親，也就是唐玄宗的時代，開始了一個新的階段。但是在靈武這個地方，皇帝既沒有軍隊，也沒有文武百官，當然，更沒有華麗的宮殿。一切都像是臨時搭設起來的電影布景一樣，隨時都可能被叛軍給消滅。皇帝左思右想，該找誰來輔佐自己，加強自己的實力。想來想去，皇帝覺得當今的朝臣裡面，似乎只有郭子儀能夠信賴。於是，皇帝下

令要郭子儀帶著李光弼來到靈武。

　　郭子儀接到詔書，雖然深知如果自己放棄了東陘關，叛軍一定會馬上捲土重來，河北也將在轉眼間再度淪陷。可是，若是不去靈武，要是皇帝被叛軍給俘虜了，就算擁有一個東陘關，也是沒有意義的。於是，郭子儀最後決定帶著軍隊南下，到達靈武救援這位剛上臺不久的新皇帝。

　　當郭子儀的軍隊撤出這些地區的時候，百姓都相當的不捨，因為他們知道，郭子儀一走，安祿山的部隊馬上就會再度統治他們，到時候，日子會變得更加難過。而事情也如郭子儀所預料的，唐軍剛剛撤走，史思明就帶著叛軍再度占領了這些地方，沒過多久，整個河北郡就完全淪陷在叛軍手裡了。

5 長安、洛陽，好久不見！

　　郭子儀一到了靈武，立刻被皇帝任命為兵部尚書，同時兼任朔方節度使的職務。而自從郭子儀和李光弼的軍隊趕到靈武之後，各地方軍隊也陸陸續續到這裡集結，漸漸的，皇帝身邊可用的軍隊已經有十萬多人了，這下子，也讓皇帝鬆了一口氣。

　　看到手下有了軍隊，皇帝當然想要回到華麗的長安去過過當皇帝的生活，於是，他焦急的要求唐軍以收復西京長安以及東京洛陽為目標，並且要求宰相房琯率領五萬大軍浩浩蕩蕩的前往收復這兩座重要的城池。可是房琯不是個會用兵的人，他拿春秋時代的車戰戰法來與叛軍交戰＊，結果反而被叛軍將領安守忠用大火把車子燒個精光，只有幾千人

僥倖逃過一劫。好不容易聚集的十萬人，就這樣被不會用兵的房琯燒掉了一半。皇帝氣得跳腳，趕緊請來郭子儀商量對策。郭子儀說：「依微臣的看法，現在要一口氣奪回東西兩京，恐怕不是件容易的事情，不如先把兩京中間的河東地區奪下，然後再慢慢將兩京收復。」

「哦？依愛卿所見，要怎麼辦才好呢？」皇帝急切的問。

「微臣想要派人祕密潛入河東，準備接應我軍，等到時機成熟了，再聯絡地方上效忠皇上您的部隊，一同起義，就可以收復河東了。河東一旦收復，兩京的收復就指日可待了。」

放大鏡

＊春秋時代的戰爭方式以車戰為主，由馬拉的戰車來進行作戰，但是車輛笨重又不能靈活的操縱，所以到了春秋後期便漸漸改變成騎兵和步兵的戰爭方式。房琯是個讀書人，只會用老舊的作戰方式，當然會戰敗了。

「那麼，愛卿想要派誰去呢？」

「嗯……微臣倒有一個合適的人選。」郭子儀想的人，就是小曹。

按照郭子儀的計策，小曹這次前往河東地區的任務，主要是聯繫當地反抗安祿山的軍隊，將他們聚集起來，等待時機成熟以後，就把消息傳回唐軍陣營，然後找機會裡應外合，一舉消滅河東的叛軍，最後就可以奪下河東郡。

於是，小曹帶著簡單的人馬，化裝成逃難的農民，趁著混亂跑進河東郡的郡城當中。按照先前所蒐集到的資訊，在城中，永樂尉趙復和河東司戶韓旻兩個人是歸順唐朝的，他們手底下還有差不多一、兩百人可以動用。於是，小曹便利用機會，與他們聯繫上，安排好了接應唐軍的事

情，就派人將消息祕密的帶回給郭子儀。

不久，郭子儀的大軍趁著一個沒有月亮的漆黑夜晚，悄悄的來到了河東郡城的城外。城內的守軍，從將領崔乾佑到城牆上的士兵們都還在睡夢中，突然間，城外火光四射，城內的趙復、韓旻以及小曹等人，見到這個信號，立刻將城門打開，迎接唐軍進來。

崔乾佑在夢中被驚醒，根本來不及反應，連盔甲都沒有穿，就慌慌張張的跟著幾個隨從沒命的往城外逃了。這次的裡應外合，殲滅了叛軍四千多人，俘虜五千多人。崔乾佑只帶著一小隊人馬逃往安邑城。但是他哪裡知道，安邑城早就被唐軍收復了，郭子儀下令安邑軍民把城門打開，迎接崔乾佑進城。崔乾佑的部隊才進去一半，突然間城門就

被關了起來，進城的叛軍全部被抓了起來。僥倖的崔乾佑，因為走在部隊後面，見到城門關閉，趕緊帶著剩下的人逃到潼關去了。雖然讓崔乾佑逃走了，但河東郡順利被唐軍給收復了。

「嘿！極光，你這次立了個大功啊！」郭子儀拍拍小曹的肩膀。

「哪裡！這都是您的安排，我只是奉命行事而已。」小曹當然也很高興，因為現在的他已經是第十級的高級戰將了，而且這個遊戲越玩越順手，他開始有點不想離開了。

奪下河東郡之後，郭子儀並沒有馬上下令奪回長安和洛陽。因為照他的推想，要拿回長安和洛陽，得先把長安和洛陽的「門」給鞏固起來，這扇門，就是潼關。因此，郭子儀派了自己的兒子郭旰、大將李韶光、王

祚，還有僕固懷恩等人，帶著大軍進攻潼關。剛逃回潼關的崔乾佑，沒有打了幾回合，就被唐軍打敗，躲到城內不敢出來。本來唐軍以為勝利在望了，但是就在這個時候，叛軍大將安守忠和李歸仁卻帶著大軍前來救援，這兩個大將，都是身經百戰的屬害人物，年輕的郭旰等人哪裡是他們的對手？結果唐軍大敗，李韶光和王祚戰死；郭旰逃了回來；僕固懷恩抱著馬從河裡游回河東，大軍只好重新回到河東郡。

安守忠等人見有機可乘，也尾隨唐軍殺到河東郡，不過，這一路奔波，卻使得叛軍相當疲憊，讓郭子儀留在河東的軍隊逮到機會出擊，大敗安守忠。

就在大家正摩拳擦掌準備反攻潼關的同時，由靈武前進到鳳翔的皇帝突然下令，要郭子儀帶著軍隊回到鳳翔，準備直接攻打

叛軍，好收復兩京。

「這是怎麼一回事？」郭子儀不解的問。

「啟稟大人，」前來宣讀詔令的使者說，「因為安祿山已死，現在接替他當叛軍首領的是他無能的兒子安慶緒，皇上覺得這是反攻的好機會，因此希望您將部隊帶回鳳翔，重新整編之後，一舉收復兩京。」

「安祿山死了？」小曹被這個「新聞」嚇了一跳。

「是的。自從潼關失守後，安祿山便帶著叛軍進了京城，」使者看郭子儀等人大概在前線太久，沒有收到有關長安的消息，所以把事情的前後經過說了一遍：「但是安祿山並不得人心，又不會好好愛護百姓。而且安祿山身體很胖，行動又不便，後來不知道什麼原因，連眼睛都失明了。身體的狀況讓安祿山的脾氣

變得很暴躁，對於他身邊的人，常常動不動就拳打腳踢。其中最可憐的是宦官李豬兒和他的謀臣嚴莊。

「李豬兒從小就被打慣了，自然也就不覺得有什麼關係。可是嚴莊是讀書人，怎麼忍受得了這種汙辱？加上安祿山一路的謀反行動，許多的計策都是出自嚴莊的想法，所以，不甘心被打的嚴莊就聯絡了安祿山的兒子安慶緒，希望能夠殺了安祿山，讓安慶緒來當叛軍的首領。

「安慶緒是安祿山原本預定的『接班人』，但是安祿山後來卻又想讓安慶緒的弟弟來接班，這樣的作法讓安慶緒相當不高興。安慶緒正在擔心自己繼承位子不保的時候，嚴莊又來慫恿他刺殺安祿山，安慶緒便與嚴莊一起策劃這個暗殺行動。就在一天夜裡，安慶緒、嚴莊和李豬兒一

同殺了安祿山。

「安慶緒雖然當上了首領，但卻是個無能的人，什麼事情都讓嚴莊來作主。而且安慶緒也因為這場叛變，與安祿山的大將史思明之間有了很深的裂痕。」

使者停了一停，又開口道：「皇上認為，現在正是對抗叛軍的大好機會，因此希望您可以到鳳翔擔任大軍的統帥，好一舉消滅他們。」

郭子儀衡量局勢，放棄攻打潼關確實可惜，可是皇帝的命令又不能不聽，只能安排部分的守軍留在河東郡，保住這個重要據點，自己則率領大部分的兵馬，往鳳翔去了。

郭子儀到了鳳翔，立刻被皇帝封為天下兵馬副元帥，地位僅僅在太子李俶之下，繼續征討叛軍。一開始，唐軍進展得非常順利，沿途的叛軍不是大敗就是投

降，讓郭子儀不免有點輕敵了。

當郭子儀的大軍到了長安城外，安慶緒也派出手下的猛將安守忠和李歸仁在城外和郭子儀對峙。就這樣過了好幾天，叛軍始終沒有動作，讓唐軍開始有點不耐煩了。一天早上，安守忠的軍隊突然往後撤退，郭子儀接到消息，心想一定是叛軍內部發生了什麼重大的事情，於是立刻下令追擊。哪裡知道，這是安守忠的計策，當唐軍筆直的衝進陣地，安守忠的軍隊竟然從兩面包夾，唐軍抵擋不住，正要撤退的時候，前方原本看起來是要撤退的叛軍，突然轉向殺了過來，唐軍除了逃跑以外，已經沒有別的辦法了。

這場大敗，讓唐軍元氣大傷，好不容易訓練好的部隊，幾乎被消滅了十之八九。皇帝身旁許多嫉妒郭子儀的人便開始在皇

帝耳邊說郭子儀的壞話，要求他為這場大敗負責。郭子儀也知道如果自己不交出天下兵馬副元帥的位子，恐怕會有更多不滿的聲音出現。因此，郭子儀便向皇帝請辭，儘管皇帝並不認為這是郭子儀的責任，但是為了消除那些反對者的聲音，也只能把郭子儀的官位降了一級，但是，仍舊保留了天下兵馬副元帥的頭銜，要郭子儀繼續以收復兩京為目標。

可是這次的大敗，讓唐軍損失慘重。武器可以再做，可是去哪裡找上場殺敵的士兵呢？

郭子儀對皇帝建議說：「我大唐一直以來跟回紇國的關係很好，不如請回紇可汗借給我們一些軍人，好補充這次的損失。」

「嗯！這是個好方法，其實在安祿山剛開始叛亂的時候，回紇可汗就曾經跟父皇說，希望派兵幫忙平亂，但是父皇那個時候

根本沒有心思處理這件事，所以才造成這麼嚴重的損失。既然之前他們願意派兵幫我們平亂，朕相信，現在他們應該還是會願意幫忙的。」

於是，皇帝派出使者到回紇去借兵。回紇可汗很爽快的答應了，派出許多的部隊趕到鳳翔，準備幫忙唐軍反攻。於是，由天下兵馬元帥李俶所率領的朔方軍、回紇王子葉護所率領的回紇軍和郭子儀的部隊，在扶風集合，三位大將一起宣誓要將叛軍趕出長安。

唐軍在郭子儀的指揮下，直接對上了叛軍安守忠和李歸仁的部隊。雙方實力相當，打了很久還是沒有分出勝負來。這個時候，安守忠派出了一隊人馬，躲在唐軍必經之地，想用上次的方法，偷襲唐軍。但是對身經百戰的郭子儀而言，同樣的招式是不

能用第二遍的，郭子儀記取了前一次的教訓，派僕固懷恩帶著回紇兵從叛軍的後面攻擊。叛軍根本沒有想到會有回紇兵出現，來不及應戰，幾乎全軍覆沒。安守忠和李歸仁本來以為可以用同樣的方式大敗唐軍，沒想到反而被唐軍給殲滅，讓叛軍軍心動搖。最後，安守忠等人帶著剩餘的人馬逃回了長安，但知道這樣下去也擋不住唐軍的攻勢，於是便和駐守在長安的叛軍一起逃出了長安。

就這樣，淪陷了一年多的長安，終於再度回到唐軍的懷抱。令人難過的是，原本繁華熱鬧的京城，在安祿山的破壞下，已經變得殘破不堪了。叛軍在城中到處掠奪，沒有逃出來的百姓，都受盡虐待，十分可憐。

「唉！我還記得我第一次到長安的樣子，可是現在已經完全

不同了。」小曹自言自語的說道。百姓見到唐軍進入長安城，沒有一個不是流著眼淚的，看到這樣的場景，真是令人感到難過。

小曹走到了他第一次掉到長安城時的燒餅鋪，可是現在已經變成了許多難民棲身的地方，旁邊原本漂漂亮亮的茶樓，變成了破破舊舊的小店。小曹跟幾個部下坐了下來，點了壺茶，旁邊一個老翁突然唸唸有詞：

國破山河在，城春草木深。
感時花濺淚，恨別鳥驚心。
烽火連三月，家書抵萬金。
白頭搔更短，渾欲不勝簪。

「好熟的詩啊！」小曹歪著頭想了好久，可是想不起來是誰寫的。

這是唐朝詩人杜甫寫的五言

律詩，題目叫做〈春望〉。意思是說：「雖然山河的形狀都和以前一樣，長安城的春景依舊，草木還是一樣的茂盛，可是我的國家卻已經被叛軍給破壞殆盡了。這樣的時局，即使看到美麗的花朵也會讓人落淚；這樣的時局，即使聽到鳥兒的鳴叫也會讓人不安。接連三個月戰事不斷，能收到一封家書，比收到上萬的金子還來得令人高興。我頭上的白髮都煩惱得快掉光了，連玉簪都沒有辦法插上去了。」

這是杜甫在幾個月前寫的詩，那個時候杜甫被叛軍俘虜，困在長安城裡，看到江山依舊，但人事全非，因而有所感觸才寫下這首詩。

「原來他就是杜甫啊！」精靈適時的解釋，解決了小曹心裡的疑惑。

　　杜甫搖搖晃晃的站起身來，口中喃喃自語的說：「沒想到……沒想到……還能活著看到官府的軍隊啊……真好……真好啊！」聽在大家的耳中，不免又是一陣鼻酸。

　　「現在不是難過的時候，」小曹站起來說，「現在該是我們繼續努力，把東京洛陽也收復的時候！」四周的人，不管是認識的不認識的，都站起來吶喊，一時之間歡聲雷動，大家都充滿了信心，看來，勝利不遠了。

　　沒有時間休息，郭子儀繼續帶著部隊向東前進。潼關的叛軍，知道郭子儀帶著大軍來到，連對抗的力氣都沒有，只有逃命的分。在洛陽的安慶緒知道長安被唐軍收復了，只能趕緊要嚴莊加派人手，守住洛陽城外的陝郡，要在這裡跟唐軍做最後的決戰。

　　陝郡是個地形起伏很大的地區，叛軍在山上，唐軍在山下，叛軍自然取得了很有利的戰略位置。儘管唐軍鬥志高昂，但是卻仍舊無法一舉消滅叛軍。於是，郭子儀一方面下令唐軍後退，一方面派出回紇軍隊繞到山頂。叛軍以為唐軍打算撤退了，於是下山追擊，沒想到回頭一看，回紇軍已經占領了山頭。回紇軍和唐軍前後夾攻，叛軍就像夾心餅乾一樣，幾乎全部被消滅，只剩下嚴莊帶著一小隊人馬趁亂逃回洛陽。

　　安慶緒本來在洛陽等著嚴莊帶回勝利的好消息，沒想到只看到嚴莊慌慌張張的逃回來，安慶緒知道已經沒有希望了，只好放棄洛陽，逃回老巢河北。因此，被叛軍占領了將近兩年的洛陽，也在郭子儀與回紇軍的合作之下，順利的收復了。

6 興風作浪的宦官

　　長安、洛陽陸續收復的消息傳到了鳳翔，皇帝高興得跳了起來，自從在靈武即位以來，這一天恐怕是他最快樂的一天。終於，他可以回到長安當個真正的皇帝了！於是，他一面派人通知躲在南方的太上皇，一面通知文武百官，找個好日子一同回到久久不見的京城長安。

　　就在這一年的年底，郭子儀和太子李俶奉命回到了長安。在長安城外的灞上，皇帝特別安排了文武百官舉辦了一場盛大的歡迎會。這時候的郭子儀，已經是個六十多歲的老頭子了，滿臉的皺紋和斑白的頭髮，皇帝見到他，緊緊的握住他的手說：「這個天下雖然是我李家的天下，但是，卻是靠愛卿你才再次把它拯

救回來的！」於是，皇帝封賞了郭子儀許多的錢財，並且封了更高的官位，以慰勞他在這場戰爭當中的辛勞。

　　不過，禍患並沒有真正的解除。安慶緒還在河北，另外還有虎視眈眈的史思明正在找機會擴張勢力。所以，郭子儀並沒有在長安享受他所得到的一切，反而返回洛陽，準備往北討伐安慶緒。

　　安慶緒回到河北的時候，本來只剩下一點點的兵馬，但是河北畢竟是他父親安祿山的勢力範圍，因此，安慶緒很快的又聚集了許多的兵馬，準備捲土重來。

　　不過，安慶緒跟他父親一樣，是一個情緒不穩定的人，常常動不動就責罰部下，甚至隨意殺害手下的大將，弄得叛軍內部也是人心惶惶的。過了幾個月的時間，唐軍已經準備得差不多

了，皇帝便命令包括郭子儀和李光弼等九大節度使，一起出兵河北。

「九個節度使一起出兵？」小曹懷疑的說，「那誰要聽誰的？大家都是節度使，官位不是都一樣大嗎？」

「是啊！」僕固懷恩在旁邊說道，「如果沒有設統帥，怎麼決定作戰策略呢？皇上還派了宦官魚朝恩來當什麼『觀軍容宣慰處置使』，我看根本就是來監視我們的。」

「你這話可不能亂說喔！傳出去可是會讓你小命不保的。」小曹警告僕固懷恩。

不過，僕固懷恩的懷疑是對的。

精靈自己跳了出來。

自從郭子儀收復了兩京以後，皇帝見到他的權力越來越

大，功勞越來越多，當然會對他有戒心。所以，皇帝雖然對郭子儀說「這個天下雖然是我李家的天下，但是，卻是靠愛卿你才再次把它拯救回來的」這句話，但是心裡其實也很怕郭子儀叛變，所以這次攻打河北，他故意派了九個節度使一起出發，為的就是防止郭子儀擁有太多的權力。自古以來的皇帝，都是這個樣子的。

「唉！都已經要面對敵人了，還不能信任自己的手下，這場仗要怎麼打啊？」小曹難過的說。

儘管如此，九個節度使還是率領著各自的部隊慢慢的向北方前進。帶著收復兩京的氣勢，叛軍幾乎沒有什麼機會獲勝，只有零星的抵抗，就丟盔卸甲了。加上叛軍內部，安慶緒和史思明兩

人又相互不信任，讓史思明覺得自己可能有生命危險，因此當安慶緒放棄兩京的時候，史思明曾經一度表示願意歸順唐朝，但是，沒有多久，史思明看唐軍似乎沒有馬上進攻河北的打算，於是又再度反叛，轉而跟安慶緒合作。

史思明的二度反叛並沒有讓唐軍感到害怕，反而繼續進攻。終於在相州把安慶緒包圍起來，眼看勝利在望了，可是，安慶緒卻趁機派人向史思明求救，並且表示願意將自己的位子讓給史思明。

儘管史思明不怎麼相信安慶緒，但是史思明盤算這場戰爭，即使輸了，不過就是讓安慶緒被唐軍俘虜，自己可以順理成章的接替他；要是贏了，也可以以此威脅安慶緒讓位，怎麼算都划算。於是，史思明便率領了十多

萬的大軍，浩浩蕩蕩的前去救援安慶緒。

但是就像史思明盤算的一樣，他並沒有打算立刻前往營救安慶緒。在他的盤算裡，安慶緒損失得越多，就是他獲得越多。所以，史思明攻占了相州附近的幾個地方後，只是按兵不動，等待機會再出發。

九大節度使圍著相州，但是卻因為協調不成，遲遲沒有辦法把安慶緒的叛軍給殲滅。史思明看出唐軍的弱點，便帶著大軍來到相州，但是卻在距離城外五十里的地方就不再前進了。

接著，史思明命令每個軍營都準備了三百面的大鼓，不分早晚拼命的敲打，弄得唐軍睡也睡不好，軍心因此渙散了。接著，史思明又派一小撮的部隊，不定時的去偷襲唐軍，如果唐軍白天有準備，他們就晚上來偷襲；要

是晚上有提防，他們就白天去騷擾，讓唐軍連飯也吃不好。

更高招的是，史思明知道唐軍的糧食是從南方運來的，為了切斷唐軍的糧草運輸，他派了一群人化裝成唐軍的樣子，去催促那些幫忙運送糧草的運夫。如果運夫的動作稍微慢一點，他們甚至動刀殺人，讓這些運夫都不願意幫忙唐軍運糧食了。如果看到有大批運糧的船隻車輛經過，他們就派人放火燒了糧草。儘管唐軍派了人來護送，但是因為史思明的部隊也是穿著唐軍的服裝，讓唐軍根本防不勝防，於是，唐軍的糧食出現短缺，軍心也開始動搖了。

接著，史思明不知道從哪裡請來了一個號稱可以呼風喚雨的巫師，然後下令大軍向唐軍進攻。兩軍才剛面對面，巫師就開始作法，頓時之間，就像刮颱風

一樣，飛沙走石，連大樹也被連根拔起。

唐軍都是久居內陸的人，除了小曹在臺灣看過颱風以外，其他人根本沒有見過這種景象，嚇得丟盔棄甲往後逃跑了。奇怪的是，史思明卻沒有因此下令追擊，反而要大軍撤退。空蕩蕩的相州城外，只見唐軍留下滿地的武器和車輛，還有來不及帶走的糧食。正好讓在相州城缺糧缺到連老鼠都值四千文錢的安慶緒部隊，撿了個便宜，輕輕鬆鬆的出城接收，解決了安慶緒與相州城的危機。

小曹覺得唐軍這次的大敗，可以說不是敗給史思明，而是敗給了怪異的天氣。因為，郭子儀的部隊本來已經軍心不穩了，現在又遇到這種突如其來的天氣變化，搞得將士們人人自危，根本沒辦法作戰，只是沒命的往後逃

跑。更糟糕的是，郭子儀的軍隊是九個節度使當中人數最多、戰力最強的一支。其他的部隊看到郭子儀的軍隊逃了，大家當然也跟著逃命了。

好不容易，終於大家都平靜下來，但是算算將士的數目，已經去了大半，其中搞不好還有被自己人不小心踩死的，損失真的相當慘重。幾個節度使好不容易聚在一起，卻都在互踢皮球，這個指責那個，那個又批評這個，吵了半天，即使是德高望重的郭子儀，也無法控制這些節度使。

「都是郭老！」關內潞州節度使王思禮指著郭子儀大罵，「你連部隊都管不好，不過就是一場大風，他們跑得比誰都快！」

「你好意思說！」河東節度使李光弼畢竟跟郭子儀有交情，於是站起來說：「那個時候先跑的不知道是誰喔！我記得小王你跑得

比誰都快不是嗎？」

「你說什麼！你這個契丹土人！」王思禮氣得大罵，連什麼難聽的話都罵出來了。兩個節度使你一言我一語的吵了起來，眼看就要拔刀互砍了，郭子儀趕忙叫人把他們兩人架開。

「不如我們在河陽這裡屯兵駐守吧！」吵鬧的聲音中，都虞侯張用濟突然開了口，讓一陣吵鬧頓時停了下來。「你們看，這幾年來，因為戰亂的關係，讓農田荒廢，導致連年的饑荒，如果我們留在戰區，糧食的問題不好解決。如果我們在黃河南邊的河陽地區駐守，一來糧食供給不成問題，二來這裡人也多，要補充兵源，訓練新兵也比較方便，不是嗎？」

幾個吵得不可開交的大男人，聽到張用濟的說法，也覺得很有道理，李光弼和王思禮也把

拔出來的刀，收了回去，幾個節度使就這樣決定，把部隊帶到河陽，準備重新出發。

「咦？魚朝恩呢？」過了幾天，小曹突然想起來，那個號稱是「觀軍容宣慰處置使」的宦官魚朝恩，在大戰之後，就不知道跑道哪兒去了。

「該不會……跑去找皇上打小報告了吧？」生性多疑的僕固懷恩這樣猜。

沒有想到，精靈告訴小曹，事情真的被僕固懷恩給猜對了。魚朝恩在唐軍大敗之後，立刻逃回長安。按照道理來說，這次的出兵本來應該要有一個統帥，但皇帝不放心讓郭子儀越來越強大，於是讓九個節度使一起出兵，弄得誰也不服誰。而身為「觀軍容宣慰處置使」的魚朝恩，本來有監督大軍的責任，但

是他不但沒有盡到監督的責任，反而在背後誣賴是郭子儀領導的問題，好推卸自己的責任。所以沒多久，朝廷就派了一個使者來，表示要讓郭子儀回京城休養。名義上給他更高的官職，但是實際上等於是免除了他率領軍隊的權力。

「這是真的嗎？」小曹跑去找郭子儀，「弟兄們在謠傳，說您要回去京城了。這是真的嗎？」

「沒……沒有啦！」郭子儀吞吞吐吐的說，「使者是代表皇上來關心一下我們的近況。你和弟兄們不要擔心。啊！時候不早了，我得送使者上路了。」

小曹和弟兄們看到郭子儀和使者走出了營帳，跨上了馬。心想：「難道郭元帥要離我們而去了嗎？」紛紛衝上前去，攔住使者，要求他稟告皇上，不要帶郭子儀走。

　　使者看到這麼多士兵出來挽留郭子儀，心裡不由得讚嘆：「郭元帥真是了不起，能夠得到這麼多官兵將士的愛戴，可見他平常一定對他們都很好，京城裡總是說郭元帥是『好人將軍』，我想真的一點都不假。」

　　正在猶豫之際，郭子儀對大家說話了：「各位弟兄放心，我怎麼捨得離開你們呢？我只是要送大人上路，外面不大平靜，有我陪著，不是比較安全嗎？你們趕緊繼續操練，不要浪費了時間！」弟兄們聽到郭子儀的保證，才放心的讓開了路。

　　小曹並不相信郭子儀的話，他跑上了城門，看著郭子儀和使者的馬漸漸跑遠了，郭子儀突然停下馬，回頭看著城門，小曹看到郭子儀的眼角流下了從未讓人見過的淚水。

7 重披戰甲，
重騎戰馬

　　郭子儀就這樣離開了河陽的大軍，回到京城去了。朝廷頒布了一道命令，讓李光弼接替郭子儀繼續領導大軍對抗叛軍。

　　過了一陣子，郭子儀從京城寄來了一封信，希望能夠安慰這些在河南駐守的老部下。他說，他現在在京城每天都在整理花園，最近還養了一隻會學人話的鸚鵡，日子過得很快樂，要大家不要擔心他。同時，他也鼓勵大家繼續努力訓練，等準備好了再一舉消滅安慶緒和史思明。

　　小曹把郭子儀的信貼在訓練場旁的布告欄上，每個人不但把信看了又看，還要摸一摸，好像這樣就可以碰到郭子儀一樣，弄到最後，信上的墨都給摸掉了，信紙也快摸破了，小曹才趕緊把

信收起來。而藉著郭子儀的鼓勵，這群原本因為失去主帥而沒精打彩的將士，又開始努力練兵，準備下一次的反攻。

而叛軍這邊呢？當唐軍在相州大敗之後，史思明得意洋洋的來到相州城。安慶緒為了表示感激，特地出城來迎接他。兩人相見，緊緊的抱在一起，但是安慶緒沒有料到，這一抱，竟是他們最後的一次擁抱。

史思明手裡藏了一把短劍，趁機刺進安慶緒的背後，當場結束了安慶緒的性命。史思明在安慶緒的耳邊悄悄的說：「該是我當老大的時候了！」

史思明的部下也立刻拿出武器，把安慶緒的心腹一次解決。自此以後，史思明便成為叛軍的首領。由於整個安史之亂本來就是由安祿山和史思明一起發動的，所以大部分的叛軍將領都是

效忠他們兩人的。安祿山被安慶緒刺殺，許多將領當然也不服氣，現在史思明殺了安慶緒，除了替安祿山報仇，也等於是替叛軍將領們出了心中的一股怨氣。

　　掌握大權的史思明，立刻帶著大軍直攻洛陽。李光弼認為，洛陽是一座大城，防守上相當不方便，不如放棄洛陽，把主要的戰場轉移到準備已久的河陽，於是率領了大軍從洛陽移到了河陽地區。當史思明打進洛陽之後，卻發現城內不但沒有唐軍，連可用的物資也不多，於是立刻轉向攻打河陽。

　　河陽從郭子儀領軍時就已經把軍隊整頓得相當完善，早就準備好要對付史思明了。所以史思明在這裡吃了幾場敗仗以後，只能退守到洛陽，形成了和李光弼對峙的局面。

　　為了讓李光弼離開河陽，史

思明到處放出謠言，說「洛陽這一帶的叛軍都是來自北方，現在他們很想要回家，已經沒有心思再打仗了」。很快的，這些謠言就傳到了李光弼的陣營中，當然，也傳到了被派來當「觀軍容宣慰處置使」的魚朝恩耳裡。

「不趁著這個機會攻打，難道要我們在這裡喝茶不成？」僕固懷恩氣急敗壞的說。

「話不是這樣子講，元帥不是說過，這是史思明的詭計嗎？」小曹說。

「我才不相信契丹李呢！」僕固懷恩從以前就不喜歡李光弼，背後都叫他「契丹李」。「我覺得不趁現在發兵攻打，再過一段時間，等史思明的援軍到了洛陽，我們就攻不下來了！」

「嘿！你這個說法跟魚朝恩一樣耶，難得你們倆會有共識。哈哈！」

「你別把我跟那個討厭的官官相比，我恨死那隻死『魚』了！要不是他，郭元帥還在這裡領導我們呢！」

「話是這麼說沒錯，但是不管怎麼樣，現在魚朝恩掌握了大權，很多事情都不是我們能決定的。而且我聽說魚朝恩上書皇上，皇上也下令要元帥出兵收復洛陽了。」

「喔！是嗎？」僕固懷恩興奮的說，「那我們可以好好打一仗了！」

果然沒有多久，李光弼在皇帝的壓力下，把部隊帶出了河陽，準備在洛陽與史思明決戰。結果，沒有了河陽易守難攻的優勢，唐軍與史思明的大軍交戰，吃了敗仗，軍隊倉惶撤回河陽。這是繼上次相州大敗之後，唐軍又一次嚴重的失敗，幾乎所有的武器和車輛馬匹都丟在洛陽城

外。這次的失敗，導致李光弼丟了元帥的位子，而僕固懷恩也因為領導錯誤，被降級懲處。

接替李光弼的是唐軍的另一名大將李國貞，他所統領的部隊集中在絳州，準備把這裡當作基地，再次對抗史思明的叛軍。但是，絳州的糧食不多，附近又在鬧饑荒，別說是一般士兵的薪餉發不出來，就連平常要吃的飯都快不夠了。李國貞把缺糧的情況向朝廷稟報了，但是朝廷卻沒有辦法立刻解決這個問題。就這樣，士兵不滿的情緒就像滾雪球一樣，越滾越大，最後到了不可收拾的地步。

因為自從李光弼接替郭子儀以後，整個軍隊的風氣就改變了許多，郭子儀愛護弟兄，很重視弟兄的福利；而李光弼則是一板一眼，該怎麼辦就怎麼辦；到了李國貞以後就變得更嚴屬了，讓

許多軍隊的弟兄很不適應，大家都非常懷念郭子儀，希望他可以回來擔任統帥。

在唐軍當中有一個將領叫做王元振，很久以來就不滿軍隊的管理方式，現在他聽到這麼多弟兄都有怨言，因此覺得也許可以利用這股力量，讓郭子儀回來當元帥，當然，最重要的還是讓自己有機會可以趁亂來升官。

有一天，王元振用李國貞的名義，在部隊集合的時候宣布說：「元帥說他家的屋頂漏水，明天第四、第五小隊的弟兄，去幫忙修一下元帥家的屋頂。」

「開什麼玩笑！」本來就已經不高興的士兵們，聽到了這個要求真是氣壞了，紛紛大罵：「我們是來討伐叛軍的，不是來幫人家修房子的。」說完就鼓譟了起來。

「稍安勿躁！稍安勿躁！各位弟兄，」王元振假惺惺的說，

「我知道這個要求很不合理，我也很不喜歡李國貞來當元帥，不如我們發動兵變，趕走李國貞，然後上書朝廷，請皇上派郭元帥回來領導我們，你們說好不好？」

官兵們聽到要郭子儀回來，沒有不歡聲雷動的。為了避免消息走漏，他們當晚就動手燒了李國貞的元帥府。

李國貞的隨從看情勢不對趕忙要李國貞先逃跑，但是李國貞一直不願意離開，他希望可以跟兵變的人談談，看看能不能解決問題。後來，外面的士兵破門而入，李國貞只能跑到城裡的監獄裡躲了起來。但是絳州不過小小一個城，沒多久李國貞就被王元振找到，五花大綁的推了出來。

王元振當著大家的面對李國貞大罵道：「你看，官兵們連吃都吃不飽，你竟然還有閒情逸致要修屋頂，你根本沒有體諒大家，

可惡極了！」

　　「我看可惡的是你吧！」李國貞回答說：「我根本沒有下命令要弟兄幫我修房子，糧食不夠的問題，也不是我不處理。大家都知道，我已經好幾次上奏朝廷，但是他們不肯幫忙，我也沒有辦法啊！我吃的東西跟眾弟兄吃的都一樣，你們薪餉領不到，我也沒有好到哪裡去啊！」

　　參加兵變的官兵們聽到李國貞的話覺得也蠻有道理的，於是便不再那麼生氣了，有的人覺得沒趣，三三兩兩的走了。王元振看到好不容易煽動起來的兵變，就這樣被李國貞兩三句話給解決，心裡非常不甘心，舉起刀便說：「明明就是你不對還狡辯，該死！」說完就一刀殺了李國貞。

　　這件事情叫做河中兵變，發生兵變的同時，河東節度使那邊也不平靜，同樣也為了糧食的問

題，而發生了兵變，兩個重要的據
點同時發生了兵變，讓皇帝嚇得
半死，要是河中軍跟河東軍一起
投靠了史思明，那不要說是洛陽
沒希望收復，就是長安保不保得
住都是問題。

眼看情況越來越危急，環顧
大唐所有的軍事將領，除了在家
裡種花養鳥的郭子儀外，大概沒
有人有辦法收服這些將士們的心
了。於是皇帝下令，讓郭子儀重
新擔任元帥，到河中郡去安撫官
兵。這位六十六歲高齡的老先
生，只好重新穿起戰甲，騎上戰
馬，往他再熟悉不過的部下們那
邊去了。

出發之前，皇帝生了重病，
臥病在床，誰也不肯見。

郭子儀在門外大聲喊著說：
「老臣現在奉命離開長安，老臣
年紀老邁，這次一去，不知道能
不能活著回來。如果出發前還不

能見皇上一面，老臣真的死不瞑目啊！」

　　皇帝在病床上聽到郭子儀這樣說，便許可他進入自己的寢室，只能用很微弱的聲音對郭子儀說：「前線的事情 …… 就 …… 就交給愛卿了！」

　　而河中這邊呢？當大家聽說郭子儀要回來，沒有人不高興的。最高興的，應該就是拿刀殺了李國貞的王元振了。這些日子，就看到王元振每天都掛著笑臉，一副臭屁得不得了的樣子，看到人就說：「怎麼樣？沒有我那一刀，郭元帥哪裡會回來呢？你們要感謝我啊！」

　　「我真受不了王元振那副嘴臉！」小曹生氣的說，「他哪裡有什麼功勞？搞一場兵變就覺得自己有多了不起。」

　　「是啊！」僕固懷恩也說，「我雖然討厭李國貞，但是我更

討厭那姓王的！可是有什麼辦法呢？元帥一來，一定大大的封賞他，到時候，他可囂張了！」

經過了幾天的行程，郭子儀終於回到久違的河中，所有舊日的部屬，通通出城來迎接他。當元帥一進城，立刻受到全城軍民的熱烈歡迎。眾將領排在郭子儀的面前，等待他的校閱。王元振排在第一個，因為他覺得自己功勞最大。

「你是王元振嗎？」郭子儀問道。

「末將正是王元振！」王元振心想：「果然，少說也要封我個什麼兵馬使！」

「你知道你該得到什麼嗎？」郭子儀繼續問。

「嗯……不用太高的官階啦！兵馬使、行營節度，什麼都可以！」王元振一口氣說了幾個比現在更高的官階，希望郭子儀可

以封給他！

「這些我都可以封給你，不過……，」郭子儀笑著的臉一下子轉為鐵青，「你得到陰間去就任！」王元振沒有會意過來，郭子儀的隨從已經牢牢的將王元振抓住，郭子儀指著王元振說:「大敵當前，你還敢發動兵變，連主將都敢殺害！如果這個時候叛軍打過來，豈不是要把河中這塊地給丟了？現在你們都看到了，」郭子儀轉頭對所有的官兵說，「這就是發動兵變的下場！」說完立刻下令就地處死王元振。

「元帥英明！」眾將士齊聲大喊，其中聲音最大的，就是小曹和僕固懷恩了。

郭子儀處死王元振的消息傳到河東郡，剛剛上任不久的河東節度使辛雲京，也效法郭子儀，把發動兵變的人給殺了。一下子，河東和河中兩大陣營，軍紀

都變得更為嚴謹，再也沒人敢作怪了。

郭子儀重新接掌元帥的前不久，史思明的兒子史朝義一起來叛變，殺了自己的父親，接替他成為叛軍的首領。

「這些人怎麼這樣？都是兒子殺老爸？而且還有樣學樣，安慶緒殺安祿山，史思明又殺安慶緒，史朝義又殺史思明。你們這些外國人是不是父子感情都不好啊？」小曹好奇的問僕固懷恩。

「你不要亂比較啦！我們契丹人，」僕固懷恩驕傲的說，「可是很講義氣的！才不像安祿山那些胡人，亂七八糟的。」

「好好好！我相信你！對了！今天京城派了個使者來，元帥聽了使者的話，好像很難過的樣子，你知道是什麼事情嗎？」小曹問道。

「聽說啊，」僕固懷恩壓低了聲音，「皇上駕崩了！」

「駕崩？駕崩是什麼意思？」小曹還沒有學過這個詞。

「你不是漢人嗎？怎麼不懂這個詞？駕崩就是皇上死啦！」

「真的假的？這話不能亂說啊！」小曹緊張的說。

「這是真的，我跟你說啊！新皇帝身邊的宦官有一個叫程元振的，比魚朝恩還可怕，到處興風作浪，而且在皇上耳邊說那些不願意巴結他的人的壞話，特別是像元帥這樣正直的人，程元振更是討厭。我看這下子又要發生大變動了。」僕固懷恩若有所思的說。

事情真的又被僕固懷恩料中了。程元振對於郭子儀重新掌握軍權，心裡非常的不高興，從新皇帝即位的第一天開始，就不斷的說郭子儀的壞話。好在皇帝很

支持郭子儀，因此並沒有什麼反
應。

有一天，郭子儀把幾個親信
找來，小曹也在其中。郭子儀對
大家說：「現在河中和河東都安定
下來了，我也想要回京城去了。」

大家被郭子儀的決定嚇了一
跳，才剛回任元帥沒有多久，連
一場仗都沒有打過，怎麼就要回
去了？

「為什麼您要回去呢？叛軍
還沒有平定，洛陽也還沒有收復
啊！」小曹對郭子儀說。

「唉！年輕人！」郭子儀嘆了
口氣，「這世界是很複雜的。皇
上身邊的許多人都不願意看到我
重掌兵權，巴不得我立刻就回京
城去，讓他們看著，他們才會比
較放心啊！

「你們沒有聽說嗎？前一陣
子有人破壞我父親的墳墓，雖然
不知道是誰做的，但是我猜大概

是魚朝恩等人看不慣我回來當元帥，所以派軍隊惡意破壞。」

「這個可惡的傢伙，」僕固懷恩生氣的說，「您為什麼不直接跟皇上說，要皇上好好教訓他呢？」

「如果我這樣做，不就是等於告訴皇上，他身旁的人在興風作浪嗎？這樣君臣關係就會弄得很不好。更何況現在皇上才剛剛即位，還需要這些大臣的輔佐，如果因為我一個老頭子，害得他們君臣不合，那以後要怎麼處理國家大事呢？

「再說，我長期以來訓練大唐的軍兵，尚且沒有辦法約束唐軍，還放任他們破壞人民的墳墓，這表示我領導無方；祖墳年久失修，沒有好好照顧，這是我沒有盡到孝順的責任，怎麼能夠去怪別人呢？反正我這一輩子，已經算是夠精彩的了，該是我回

家好好陪陪孫子，安享天年的時候了！我離開以後，會建議皇上讓僕固懷恩當副元帥。」郭子儀接著對僕固懷恩說:「你要完成我的願望，把叛軍徹底消滅才行啊！」

「沒有您當元帥，」僕固懷恩說，「當副元帥有什麼意思呢？您不幹，我也不幹了，大不了回契丹老家放羊去！」

「不可以這樣說！」郭子儀制止了僕固懷恩，「我們當軍人的，一日效忠皇上，就得永遠效忠皇上。你我都是大唐的將領，終身就是大唐的將領。知道嗎？」

聽了郭子儀的話，僕固懷恩就不再說什麼了。為了避免驚動士兵，影響軍心，這次郭子儀選在晚上悄悄的離開，回到長安去了。

照郭子儀所說的，當他回到了京城，便建議皇帝讓僕固懷恩

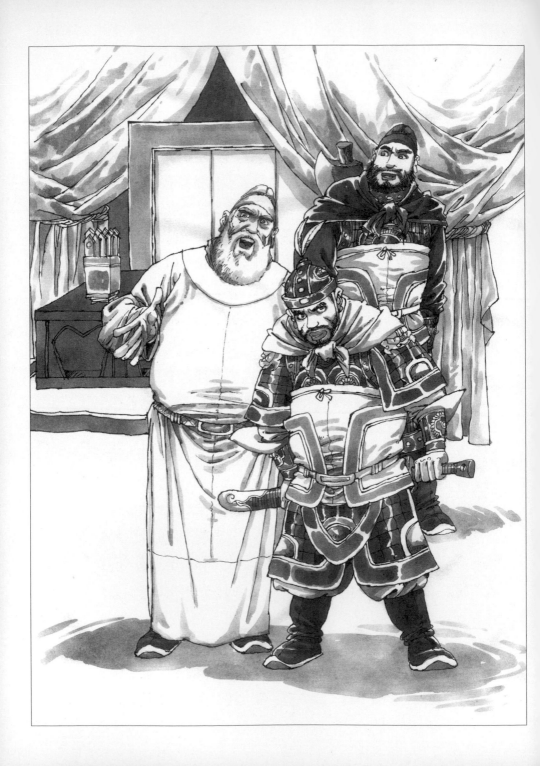

接任副元帥。而僕固懷恩也沒有讓郭子儀失望，靠著他高超的戰術戰法，很快的收復了洛陽。史朝義因此往北逃，一直逃到叛軍的大本營范陽。但是由於洛陽的大敗，讓叛軍的將領紛紛離開史朝義，不是投降，就是逃回老家去了。史朝義眼看大勢已去，只好自殺而死。長達七年多的安史之亂，就這樣平定了。

　　但是，安定的日子過沒多久，誰也沒有想到，忠心耿耿的僕固懷恩，竟然叛變了！

8 好朋友的背叛

「這怎麼可能？」在營中和部下下棋的小曹聽到密探傳來的消息，簡直不敢相信自己的耳朵。

「你有沒有聽錯？真的是僕固懷恩嗎？是不是同名同姓的人日？」

「啟稟大人，小的真的沒有聽錯，是副元帥僕固懷恩大人。」

「這是怎麼回事？」小曹百思不解，趕緊呼叫精靈出來說個明白。

「啊！」精靈伸了個懶腰，「怎麼這麼久都沒有呼叫我啊？我還以為您忘了我呢！」

「沒時間跟你閒扯了，快！告訴我僕固懷恩為什麼要叛變？」

「喔！這個故事就很長了。您知道僕固懷恩是契丹人吧？僕固懷恩的女兒嫁給了現在回紇的首領牟羽可汗，所以，按照輩分

118

來說，僕固懷恩是回紇可汗的岳父。

「在史朝義還沒有被滅掉之前，史朝義曾經寫信給牟羽可汗，騙他說唐朝已經沒有皇帝了，可以南下進攻。而牟羽可汗也欣然接受這個邀請，帶著大軍要來占據南方這塊肥沃的土地。後來皇帝趕緊派了使者前去阻止牟羽可汗，才免除了一場大戰。不過，因為牟羽可汗是僕固懷恩的女婿，因此牟羽可汗希望可以見岳父一面。也靠著這一次的見面，讓牟羽可汗慷慨的把回紇軍借給唐軍，幫助僕固懷恩平定了安史之亂。

「亂平之後，皇帝命令僕固懷恩陪同牟羽可汗一起回國。當他們經過太原時，河東節度使辛雲京害怕這些外國人會順道搶劫太原才離開，所以堅持不肯開城門，也不願意出來迎接這位平亂

有功的副元帥。

「這樣就算了，當僕固懷恩回程的時候，辛雲京還是不肯開門，依舊不出來迎接。氣得僕固懷恩上書給皇帝，把辛雲京罵了一頓。同時也把自己的軍隊，從汾州移駐到太原城外不遠處。」

「就因為這樣要叛變啊？」小曹不敢相信。

「當然不只這樣。」精靈繼續說，「這個時候有個宦官叫做駱奉先，正好在太原出差。因此辛雲京便利用各種方法，來討好駱奉先，並且告訴他，僕固懷恩和回紇相約要反叛朝廷，要他回去請朝廷趕快處理。

「駱奉先雖然跟僕固懷恩的關係不錯，但是辛雲京講得跟真的一樣，加上僕固懷恩駐守在太原附近，讓他開始有點相信了。不過，基於禮貌，駱奉先回長安前，還是先到了僕固懷恩這邊來

問候一下，特別是僕固懷恩的母親也在這裡，所以一併向老人家請安。

「於是兩人喝酒慶祝許久，駱奉先要走，可是僕固懷恩卻不肯讓他走，想要多留他幾天，好好吃喝玩樂一下。但是駱奉先卻執意要走，僕固懷恩是個粗線條的人，乾脆就把駱奉先的馬藏起來，最後駱奉先趁著晚上偷偷爬牆逃跑了。經過這次『柔性』的綁架，讓駱奉先嚇出一身冷汗。回到京城，他便對皇帝說，僕固懷恩已經有了造反的跡象了。

「儘管皇帝嘴巴上說是相信僕固懷恩不會叛變，但是心理上，對僕固懷恩批評辛雲京的事情，多少也產生了懷疑。加上僕固懷恩一直上書朝廷，要求皇帝殺了辛雲京，但是皇帝不願意讓手下的大將互相攻擊傷害，因此只有兩邊都安撫一下，真正的問

題根本沒有解決。

「僕固懷恩又是個性子很急的人，看著皇帝不肯處理辛雲京，乾脆自己動手，於是派兵攻打太原，僕固懷恩造反的行動也就這樣開始了。」

「為了這件事情造反，會不會太衝動了啊？」小曹憂慮的說。記得僕固懷恩常常掛在嘴上的，不就是忠心兩個字嗎？當郭子儀離開河中的時候，不是也交代過僕固懷恩要永遠效忠皇上嗎？怎麼才沒過多久，什麼事情都變得不一樣了？而且，僕固懷恩也和自己相處這麼久的時間了，平常沒事兩人也在一起發發牢騷，喝喝茶聊聊天的，這下怎麼說叛變就叛變，實在讓人不敢相信。

「我看現在僕固懷恩是誰的話都不肯聽了，除非郭元帥願意出面，不然這件事情恐怕很難解決。」小曹的部下這樣說。

「對啊！我怎麼沒有想到，僕固懷恩是郭元帥一手提拔上來的。只要郭元帥願意出馬，我相信僕固懷恩一定會放棄叛變的。」

這一點，當然皇帝也想到了，不過他們卻只想到要讓郭子儀去把僕固懷恩換掉，而不是派郭子儀去勸說僕固懷恩。

「這兩件事情是完全不一樣的！」小曹心想，「就好像一個很厲害的球員想要跳槽，老闆應該是請教練去勸他放棄，而不是要教練去頂替他的位子啊！長安那群傢伙心裡到底在想些什麼啊？」

但是皇帝還是召見了郭子儀，跟他講了自己與朝臣商議後的計畫：「聽說僕固懷恩的部下都很思念你，不如你前去接替僕固懷恩，朕想士兵們一定會站在你這一邊的。」

「啟稟皇上，」郭子儀恭敬的說，「微臣以為若是讓微臣去勸

說僕固懷恩，也許他會看在微臣的面子上，再次效忠皇上。但是若是要微臣去取代他，恐怕會把他逼急了，到時候就算有十個微臣，也拉不住他了。」

「你的意思是，還要朕原諒僕固懷恩這小子不成？」皇帝有點生氣了，「這個可惡的傢伙，朕對他們一家人這麼好，他竟然這樣報答朕，朕沒有下令大軍把那傢伙的汾州城夷為平地已經是很客氣了，還要朕原諒他嗎？不用多說，朕現在就任命你為副元帥，正式取代僕固懷恩！」

皇帝生氣的甩了袖子就走了，留下不知所措的郭子儀。搖搖頭，郭子儀只好再次穿上戰袍，跨上戰馬，往河中郡去了。到了河中，離僕固懷恩的汾州已經不遠了。但是僕固懷恩既沒有想要出來抵抗的跡象，也沒有想要出來講和的打算，反倒是聽到

僕固懷恩帶著一小隊的人馬往北逃到靈州去了。

「這是怎麼一回事?」郭子儀也覺得很奇怪,為了一探究竟,郭子儀便把軍隊帶往汾州。汾州的軍隊看到是老元帥來了,自然非常高興,紛紛跑出城來迎接,又是送茶水、又是遞毛巾的。原本應該是一場難以避免的大戰,似乎就隨郭子儀的到來而煙消雲散了。

郭子儀聽說僕固懷恩的母親還在汾州城裡,於是趕忙前去拜見。

「伯母您還好嗎?」郭子儀恭敬的問。

「唉!郭元帥啊!請你原諒我不會教孩子!」僕固懷恩的母親一見到郭子儀,就傷心的流下淚來。

「伯母別傷心,有話請慢慢說。」郭子儀安慰她。

「僕固懷恩這小子，真的不會想，國家對他這麼好，他竟然為了這點小事情就惹了這麼大的麻煩。現在，我的孫子僕固瑒也被部下殺了，我一氣之下大罵了他，還拿了把菜刀追了出去，說要把他的心挖出來，向皇上謝罪。這小子倒跑得挺快的，一溜煙就帶著人跑到靈州去了。」

「伯母真是個深明大義的人，我想這當中一定是有什麼誤會，我會盡力說服令郎不要再這樣子執迷不悟了，請您放心吧！」說完，告別了僕固懷恩的母親，郭子儀又回到了河中，想想該用什麼方法才能和平解決這件麻煩的事情。

而僕固懷恩呢？自從他往北逃到靈州，一路上又招募了一些盜匪和難民，因此原本人數不多的部隊，慢慢壯大了起來。同時，僕固懷恩又是契丹人，他以

自己的人脈，跑去煽動了其他周邊的幾個少數民族國家，騙他們說現在大唐已經沒有皇帝，郭子儀也被奸臣害死了，為了要替郭子儀報仇，要大家一起出兵，攻打長安，將來一起統治大唐的天下。

這下可就麻煩了，原本以為僕固懷恩逃到靈州以後，這場叛變就可以不了了之，但是現在又扯上了這些國家的軍隊，包括了回紇、吐蕃、吐谷渾、党項等數十萬大軍，就像紅火蟻一樣，向長安逼近，眼看，一場比安史之亂更麻煩的大戰已經無法避免了。

9 老元帥以一擋萬

　　僕固懷恩的叛變，讓郭子儀很難過，畢竟，曾經是一起上戰場殺敵的好戰友，現在卻變成翻臉不認人的死對頭，不論是誰都會感到傷心的。現在又聽到僕固懷恩號召了各國聯軍要來攻打長安，原本的難過，反而變成憤怒了！於是郭子儀上書皇帝，請求指示。

　　朝中文武大臣聽到前方不斷傳來消息，一會兒說吐蕃的軍隊已經到了長安城外多少里，一下又說回紇的軍隊打敗了哪一個城的守軍。朝廷裡的那些文官，平常沒事的時候老愛嫌這些武將不讀書、沒氣質，現在大軍壓境了，卻一點辦法也沒有，只好低聲下氣的拜託武將，趕快帶著軍隊出去應戰。就連平常作威作福

的魚朝恩，這下也害怕了起來，一直勸皇帝早早逃離長安，以免遭到殺身之禍。不過這次皇帝倒是勇敢了些，並沒有同意魚朝恩的建議。

沒有多久，前方突然傳來僕固懷恩病死的消息，讓唐朝的軍隊鬆了一口氣。但是，剩下的各國軍隊，卻沒有因此而打算撤退，反而持續的搶劫各個城鎮。得知這樣的情勢，皇帝下令郭子儀率軍平定亂事。

這個時候小曹守在涇陽，看到郭子儀前來會合的時候，心中真的有說不出的高興，兩人的手緊緊相握，儘管相差了好幾十歲，但是卻像是好久不見的老朋友一樣，小曹激動得落淚了。

小曹帶著郭子儀到城牆上觀看，眼看四處都是吐蕃和回紇大軍的旗子，還有不時傳來的戰鼓聲。

　　小曹有點急了，對郭子儀說：「啟稟副元帥，僕固懷恩死去的消息，一定對吐蕃和回紇的軍隊造成一些影響，不如讓我帶一隊人馬，先去教訓他們一下！」

　　「千萬不可，」郭子儀反對道：「吐蕃和回紇的軍隊，本來就不是為了要幫助僕固懷恩才出兵的，他們不過是希望藉這個機會，擴展他們的勢力範圍。而且，現在他們兩國聯軍氣勢正旺，你們出戰也不過是送死而已。」於是郭子儀下令，要大家嚴守崗位，不准隨意出城戰鬥。

　　過了幾天，前方的探子回報，說回紇和吐蕃的將領為了爭奪擔任聯軍的首領，好取代僕固懷恩的位子而相互叫罵，甚至把軍隊分開來紮營，可見兩國之間，已經有點不愉快了。於是，郭子儀便把部下李光瓚找來，吩咐他去跟回紇軍商量，希望他們

可以念在與郭子儀的交情上，趕快退出這場戰局。

見到李光瓚來到軍帳中，回紇的大帥合胡祿、都督藥葛羅還用一種很輕視的口吻問李光瓚說：「李將軍是準備來投降的嗎？」

「當然不是！」李光瓚大聲的說，「我是代替郭副元帥來告訴你們，希望你們別再繼續被吐蕃迷惑，趕快跟我大唐的軍隊一同對付吐蕃吧！」

「郭副元帥？你說的是誰啊？」合胡祿和藥葛羅感到很不解的問。因為僕固懷恩當初就是騙回紇可汗，說郭子儀已經過世了，才讓回紇願意加入這場戰局的。

「當然是郭子儀，郭令公啊！」令公是大家對郭子儀的尊稱。

「怎麼又一個郭令公？你們唐軍怎麼又有個同名同姓的人？」

藥葛羅不知道郭子儀還活著，以為李光瓚說的是一個同名同姓的人。

　　「我們大唐前前後後只出過一個郭令公啊！哪來的同名同姓的人？」李光瓚繼續說。

　　「不可能！」藥葛羅說，「僕固懷恩告訴我們，郭令公早就死了，怎麼可能還活著呢？」

　　「我們郭副元帥可是活得好好的，你們被僕固懷恩騙了都不知道！」李光瓚說。

　　「我不相信！要是郭令公還活著，我們怎麼可能會攻打唐軍呢？除非我看到郭令公活生生的站在我的面前，不然我不會相信你說的話。要是郭令公真的來了，別說是退兵，就算是跟你們一起打吐蕃，我們也願意。」藥葛羅堅持的說，合胡祿也在一旁猛點頭。

　　於是，李光瓚回到了唐軍營

中，把這些事情都說了一遍。

「唉！這些回紇人也真是的，」郭子儀邊嘆氣邊說，「隨隨便便就聽信僕固懷恩的話，虧我還對他們這麼好！我想，以現在的情況來看，我還真得跑一趟才行。」

可是兩軍對峙的時候，主帥自己到敵人的陣營裡，其實是一件很危險的事，要是因此出了什麼差錯，對唐軍而言，是非常不利的一件事。於是，小曹很好心的建議郭子儀，表示願意派五百人一同護送郭子儀到回紇軍營裡。

沒想到郭子儀反而拒絕了，郭子儀說：「你不派人跟我去反而比較好，派太多人跟著我，到時候一定會揚起一堆沙塵，遠遠看還以為是大軍壓境，回紇搞不好會因此誤會，以為我們是不是派了大軍要跟他們決戰！我看我還

是自個兒去吧！了不起再多帶一個人，有個人在路上也可以陪我聊聊天，」郭子儀一副輕鬆的樣子，說「你們……誰願意陪我去啊？」

幾個將領聽到郭子儀的話，面面相覷，誰也不敢舉手說要去。小曹在一旁心裡想：「唉！古代真是麻煩，我們那個年代只要用視訊看一下就好了啊！根本不需要這樣跑一趟。」想著想著出了神，一顆頭就這樣點啊點的。

「喔！極光？」郭子儀看到了猛點頭的小曹，以為他願意跟著自己去回紇的軍營，便說：「你願意陪我去啊！太好了！」

「我？」小曹指著自己的鼻子，一副不相信的樣子。

「怎麼？你不肯嗎？」郭子儀笑著說。

「沒，沒有！末將願意隨副元帥一同前往！」嘴上雖是這麼

說，但小曹的心裡卻一直嘀咕：

「真討厭，沒事為什麼要選我啊！這根本是飛蛾撲火嘛！到時候要是回紇軍一發起瘋來，要逃都逃不掉呢！如果這次死了，就得花一堆的大唐幣才能復活，真是太划不來了！」

心裡雖然嘀咕，但一行人還是來到了城門口，郭子儀和小曹兩人各上了一匹馬，正準備出城時，郭子儀的兒子，同時也是城內的守將郭晞跑了過來，拉住郭子儀說：「父親大人啊！回紇是個不講信用的民族，生性殘忍，簡直就像老虎和野狼一樣。現在，您這樣沒有任何防備的去，一定會被他們抓起來，當作威脅我大唐的肉票的！」

「兒子啊！」郭子儀語重心長的對郭晞說：「我現在不去，回紇不可能和吐蕃拆夥的。何況，要是大唐的軍隊和聯軍打起來，一

定會一敗塗地。我現在去，了不起就是我一個人死，可是要是我不去，我大唐會有千千萬萬的人因為這場戰爭而死。你瞭解為父的心情嗎？」

「不！我還是不能讓您走！」郭晞抓著韁繩，說什麼也不讓父親離開。

「啪」的一聲，郭子儀揮起韁繩，硬生生的打在郭晞的手上，郭晞痛得鬆了手，郭子儀兩腿一夾馬肚，頭也不回的衝了出城。小曹先是楞了一下，回過神來，也趕緊跟著郭子儀出城，往回紇的軍營去了。

另一方面，在回紇的軍營裡，遠遠看到一陣煙塵，一開始還以為是唐軍要來交戰了。合胡祿和藥葛羅兩個人紛紛披上戰甲，騎上戰馬，準備帶著回紇軍出營對戰。可是當他們看到只有兩匹馬跑來，也鬆了一口氣，心

想，大概又是唐軍的使者要來講和了。

郭子儀和小曹到了營外，兩人下了馬，郭子儀把頭盔拿了下來，合胡祿和藥葛羅認出是郭子儀，都大吃一驚，趕緊下馬向郭子儀行禮。

郭子儀說：「怎麼？兩位不是說要我來嗎？我這不就來向你們請安了。」

「對不起，令公！」回紇的幾個將領都是認識郭子儀的，趕緊向郭子儀賠罪，「我們被僕固懷恩騙了，才以為您已經……。」

「已經怎麼啦？」郭子儀說，「死掉啦？」

幾個回紇將領不好意思的點點頭。

「要死還早呢！我雖然快七十歲了，但還是活蹦亂跳的，怎麼？要不要來比腕力啊？……唉……，」說著說著，郭子儀嘆了一

口氣，說：「我大唐平常對你們這麼好，你們竟然不知道感恩。只不過是因為我還活著的緣故，才和我大唐和平相處，一聽到我死了的消息，就一個接一個的反叛，這樣的朋友，不是真正的朋友啊！」這個時候的郭子儀，已經是一位年紀將近七十歲的老先生了。對這些回紇將領來說，就像一個慈祥的老父親。郭子儀摸著斑白的鬍鬚，語重心長的說：

「唉！別說這個了！咱們也好久沒有一起喝喝酒了，我大老遠來，你們總不能只是招待我喝白開水吧？有什麼好酒好肉的，別忘了拿出來招待我和我這位小老弟啊！」

說完便把小曹給拉進了營帳。小曹終於鬆了一口氣，從遊戲開始到現在，都是他派部下帶軍隊去打仗，從來沒有這樣直接面對面的和敵人近距離接觸。看

著這些長得一副凶神惡煞模樣的回紀將領們，小曹真的快嚇壞了，可是，這些兇惡的回紀人，看到郭子儀之後就好像變了一個人似的，一個比一個客氣，也不管小曹是不是今天才認識的，好像一下子大家都成了十幾年的老朋友一樣，熱絡得很。

酒酣耳熱之際，郭子儀站了起來說：「吐蕃和我大唐本來是親戚關係，我們沒有對不起他們，他們反倒趁我大唐內亂的時候，侵略我們的國土，欺侮我們的百姓，實在是無情無義的行為。他們的牛馬牲畜，像天上的星星一樣多，這是老天爺賜給你們回紀的禮物啊！如果我們可以一起合作，打敗吐蕃，既可以將他們的牛馬牲畜搶奪過來，又可以和我大唐重修舊好，對你們回紀來說，是一舉兩得的好事，你們意下如何？」

藥葛羅聽了郭子儀的一番話，覺得很有道理，於是站了起來對郭子儀說：「令公說的非常有理。我們回紇也不願意跟唐軍撕破臉，這樣對誰都沒有好處。真的是因為僕固懷恩欺騙了我們，才使我們做了這個錯誤的決定。我們願意和令公合作，一起打敗吐蕃，表示我們對令公的歉意。」

「好！」郭子儀聽到藥葛羅說的話，為了怕回紇反悔，馬上接著說：「那麼，我們就一同來對天發誓吧！」不等藥葛羅他們同意，郭子儀拿起酒杯，就把酒灑到地上，對天發誓說：「願大唐的天子萬歲！願回紇的可汗萬歲！願兩國的將相萬歲！若是誰背棄了這個約定，就死在戰場上，家族也一同滅亡！」藥葛羅等人聽到郭子儀發了這麼重的誓言，真是又驚訝又高興，立刻也學郭子儀的樣子，對天發誓說：「就如同令公所

言，我們回紇也一樣！」

誓言說完，回紇的將領都非常高興，其中一個人偷偷的對小曹說：「這次我們大軍出發的時候，有兩個跟著軍隊一起出征的巫師曾經占卜說，這次的軍事行動很安全，絕對不會跟唐軍交戰，只要見到一位大人物之後，就可以化解兩軍的衝突。現在果真是如此！」

郭子儀和回紇軍隊聯合的消息，很快的就傳到了吐蕃軍的耳中，吐蕃的首領非常害怕，一等到天黑，就匆匆忙忙的下令撤退。

而郭子儀一聽到這個消息，人還在回紇陣營，立刻派了使者，通知朔方先鋒兵馬使白元光，率領了精銳的騎兵部隊，跟回紇軍隊一同追擊。吐蕃軍跑沒多久，就被唐軍和回紇軍追上，被打得落花流水，五萬多的吐蕃

軍戰死，一萬多人被俘虜。唐軍和回紇軍奪回來的民眾、牛羊牲畜據說綿延了三百多里那麼長。

「怎麼？極光，這次跟我跑一趟回紇軍營，很有意思吧？會不會害怕？」在回程的路上，郭子儀問了小曹這次到回紇軍營的感想。

「怕？怕死了！我還以為這次去會沒命的。」小曹說。

「那……你又為什麼要跟我來呢？」郭子儀好奇的問。

「哎喲！那就別提了，講起來還真丟人呢！」說完兩人不由得哈哈大笑了起來。

「對了！極光，」郭子儀好像突然想起了什麼，「這是藥葛羅送給我的，我家裡的金銀財寶已經夠多了，這就給你吧！」說完，丟了一個用布包起來，巴掌大的小東西給小曹。

「其實……，」聽郭子儀講到

他的財產，小曹不免好奇的問，「大家都說您是個很有錢的人，而且您在京城裡都住很大的房子，過很奢侈的生活，可是您在軍隊中，卻讓人怎麼看也看不出來您是那樣的人，這是怎麼一回事呢？」

「呵呵！你以為我喜歡過奢侈的生活嗎？其實這不過是要安皇上的心啊！我過著享樂的生活，皇上就會覺得，我是一個貪圖眼前小利的人，不會對他的王朝有什麼非分之想。而且，我把我的家族都帶到京城裡住，這樣皇上就會相信，我不可能造反，因為我的家人都在長安當人質，不是嗎？怎麼，不懂？你以後就會慢慢瞭解了！」

小曹似懂非懂，一面低頭解開布包，一面想著郭子儀的話。打開布包一看，是一個玉佩，是一個很眼熟的玉佩，這不就是代

表遊戲結束的玉佩嗎？

　「這……這不是……？」話還沒說完，抬起頭來，郭子儀不見了，馬也不見了，藥葛羅送給他們的戰利品也都不見了，只剩下小曹一個人站在黃沙滾滾的曠野裡，還沒來得及反應過來，玉佩發出了七彩耀眼的光芒，小曹眼前一陣白一陣黑的，就這樣昏了過去。

10 又一段奇幻
旅程的開始

　　「小曹！小曹！」這是一個溫柔的聲音，是小曹再也熟悉不過的聲音，是媽媽的聲音。

　　「唉！這孩子，怎麼趴在桌上就睡著了呢？會感冒的！」媽媽擔心的說。

　　「咦？」小曹揉揉眼睛，抬起頭來，一看，是媽媽！

　　「媽！我……我好想您！」說著，就抱著媽媽哭起來了。對小曹來說，好像已經好幾十年沒有看到媽媽了，再怎麼說，以前也只有參加夏令營才會短暫的離開家裡，這次對小曹這個孩子來說，真的太久太久沒有看到媽媽了。

　　「你發什麼神經啊？」媽媽不解的說，「從你下課到我回家，不過一個小時而已，你在演什麼

連續劇啊？」

「一個小時？」小曹揉揉眼睛，一看牆上的時鐘，真的只過了一個小時。小曹趕緊看看電腦，螢幕上只有要交的報告，其他什麼也沒有。退出光碟機，哪裡來的「大唐英雄傳」？光碟機裡也是空空的。

「這是怎麼回事？」小曹懷疑的說，「難道這真的是場夢？」

「趕快下來洗手準備吃飯吧！爸爸就快要回來囉！」媽媽邊說邊下樓去了。

「喔！好！」還沒回過神來的小曹，往口袋一摸，「咦？這是什麼？」拿出來一看，「這不是郭子儀給我的玉佩嗎？」玉佩上面還寫了一個大大的「唐」字，這讓小曹嚇了一跳。

第二天一大早，小曹到了學校，還沒有來得及告訴阿凱他的奇遇，上課鈴聲就響了。

「小曹！今天下課以後要不要一起去打怪？」課上到一半，阿凱把頭湊了過來，悄悄的對小曹這樣說。

「小曹你看，」阿凱偷偷摸摸的從書包裡面拿出一個小盒子，上面寫著「戰國英雄傳」。「這個 Game 是昨天才上市的喔！聽說蠻好玩的。」

「阿凱你聽我說！昨……。」

「阿凱！小曹！你們在做什麼？」小曹正準備把昨天不可思議的經歷告訴阿凱，老師如雷的聲音突然傳來，讓他們兩個嚇了一跳。小曹順手又把光碟丟到書包裡。不知道是不是自己的錯覺，小曹覺得，這張光碟似乎發出了淡淡的藍光，好像正在呼喚著自己。

697 年　　出生於陝西。

755 年　　安史之亂起。郭子儀被封為朔方節度使，奉詔討伐。與李
　　　　　光弼會師常山，大敗史思明，乘勝收復河北，據東陘關。

756 年　　上書玄宗，建議北取范陽以解潼關之圍，但玄宗反要求潼
　　　　　關守將哥舒翰出兵迎戰，唐軍大敗，危及長安。玄宗出走
　　　　　劍南，太子李亨到靈武，自立為王，是為肅宗。郭子儀奉
　　　　　命至靈武，被任為兵部尚書，肅宗要求郭子儀以收復長安
　　　　　和洛陽兩京為目標。郭子儀一走，河北郡便整個落入史思
　　　　　明部隊的手中。

757 年　　收復河東郡，進攻潼關，大敗崔乾佑。安祿山遭兒子安慶
　　　　　緒刺殺身亡。郭子儀奉命引兵至鳳翔，被封為天下兵馬副
　　　　　元帥，地位僅在皇帝與太子之下。聯合回紇軍，大敗安守
　　　　　忠、李歸仁，收復長安。其後乘勝追擊，迫使安慶緒退回
　　　　　相州，收復洛陽。

758 年	奉命與九節度使之師一起出兵河北，攻打安慶緒。朝廷派宦官魚朝恩擔任「觀軍容宣慰處置使」以監督大軍。
759 年	史思明率軍助安慶緒，大敗唐軍，魚朝恩趁機將戰敗之責推給郭子儀，朝廷召郭子儀回京。不久，安慶緒被史思明所殺。
761 年	史思明被長子史朝義所殺。
762 年	被朝廷重新任命為元帥，前往河中郡安撫官兵。不久，肅宗重病，旋即駕崩。代宗即位後，郭子儀再度回京。
763 年	安史之亂平。不久，僕固懷恩聯合回紇、吐蕃、吐谷渾、党項等國叛變。
765 年	親自說服回紇與唐結盟，打退吐蕃，解除長安的危機。
781 年	逝世。

獻給孩子們的禮物

「世紀人物100」

訴說一百位中外人物的故事

是三民書局獻給孩子們最好的禮物!

◆ 不刻意美化、神化傳主,使「世紀人物」
　更易於親近。

◆ 嚴謹考證史實,傳遞最正確的資訊。

◆ 文字親切活潑,貼近孩子們的語言。

◆ 突破傳統的創作角度切入,讓孩子們認識
　不一樣的「世紀人物」。

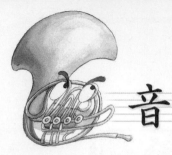

音樂家系列

沒有音樂的世界，我們失去的是夢想和希望……

每一個跳動音符的背後，到底隱藏了什麼樣的淚水和歡笑？
且看十位音樂大師，如何譜出心裡的風景……

ET的第一次接觸——巴哈的音樂
吹奏魔笛的天使——音樂神童莫札特
永不屈服的巨人——樂聖貝多芬
愛唱歌的小蘑菇——歌曲大王舒伯特
遠離祖國的波蘭孤兒——鋼琴詩人蕭邦
義大利之聲——歌劇英雄威爾第
那藍色的、圓圓的雨滴——華爾滋國王小約翰·史特勞斯
讓天鵝跳芭蕾舞——最最俄國的柴可夫斯基
再見，新世界——愛故鄉的德弗乍克
咪咪蝴蝶茉莉花——用歌劇訴說愛的普契尼

由知名作家簡宛女士主編，邀集海內外傑出作家
與音樂工作者共同執筆。平易流暢的文字，活潑
生動的插畫，帶領小讀者們與音樂大師一同悲
喜，靜靜聆聽……

兒童文學叢書

 第1次系列

生命不能重來，童年無法NG

提供孩子生活所需的智慧維他命，
與孩子共享生命中的成長初體驗！

國家圖書館出版品預行編目資料

轉危為安救大唐：郭子儀 / 胡其瑞著;杜曉西繪.－－
初版二刷.－－臺北市: 三民, 2012
面； 公分.－－(兒童文學叢書 / 世紀人物100)

ISBN 978–957–14–5030–8 （平裝）
1.(唐)郭子儀 2.傳記 3.通俗作品

782.8416   97003590

© 轉危為安救大唐：郭子儀

著 作 人	胡其瑞
主　　編	簡宛
繪　　者	杜曉西
發 行 人	劉振強
著作財產權人	三民書局股份有限公司
發 行 所	三民書局股份有限公司
	地址　臺北市復興北路386號
	電話　(02)25006600
	郵撥帳號　0009998–5
門 市 部	(復北店)臺北市復興北路386號
	(重南店)臺北市重慶南路一段61號
出版日期	初版一刷　2008年5月
	初版二刷　2012年8月修正
編　　號	S 782160

行政院新聞局登記證局版臺業字第○二○○號

有著作權·不准侵害

ISBN　978–957–14–5030–8　（平裝）

http://www.sanmin.com.tw　三民網路書店
※本書如有缺頁、破損或裝訂錯誤，請寄回本公司更換。